컴·퓨·터·적·사·고·력 을 길러주는

아주 쉬운
코딩 놀이수학 ④

차례

1. **데이터 입력 삭제**

2. **이진 트리**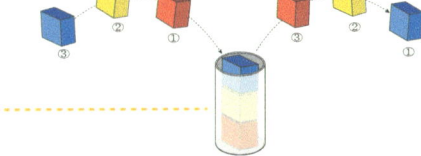

3. **기호 만들기**

4. **데이터 줄이기**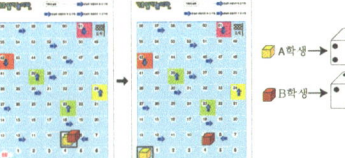

5. **최적화 네트워크** 6. **안테나 설치**

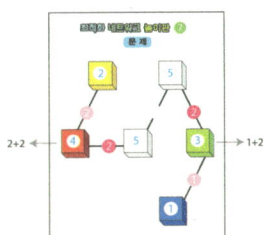 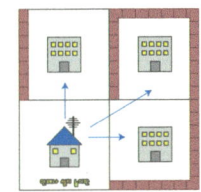

처음 시작하는 언플러그드 코딩놀이

아주 쉬운 코딩 놀이수학

데이터 입력 삭제

- 막힌 종이관에 빨간블록, 노란블록, 파란블록을 순서대로 넣은 다음에 블록이 빠져 나오는 순서를 알아봅시다.

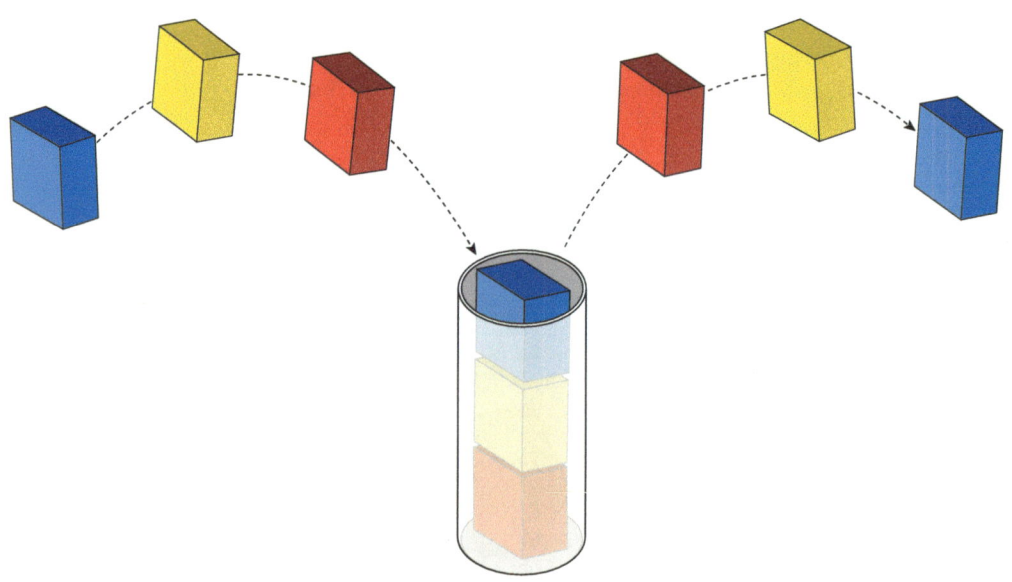

막힌 종이관에서 블록이 나올 때에는 블록을 넣은 순서와 거꾸로 파란블록, 노란블록, 빨간블록의 순서대로 나옵니다.

데이터 입력 삭제

컴퓨터에 데이터를 넣고(입력) 뺄 때(삭제) 먼저 입력한 것이 나중에 삭제되고 나중에 입력한 것이 먼저 삭제되는 구조를 '스텍'이라고 합니다. 데이터 처리 방법 중 하나입니다.

● 뚫린 종이관에 빨간블록, 노란블록, 파란블록을 순서대로 넣은 다음에 블록이 빠져 나오는 순서를 알아봅시다.

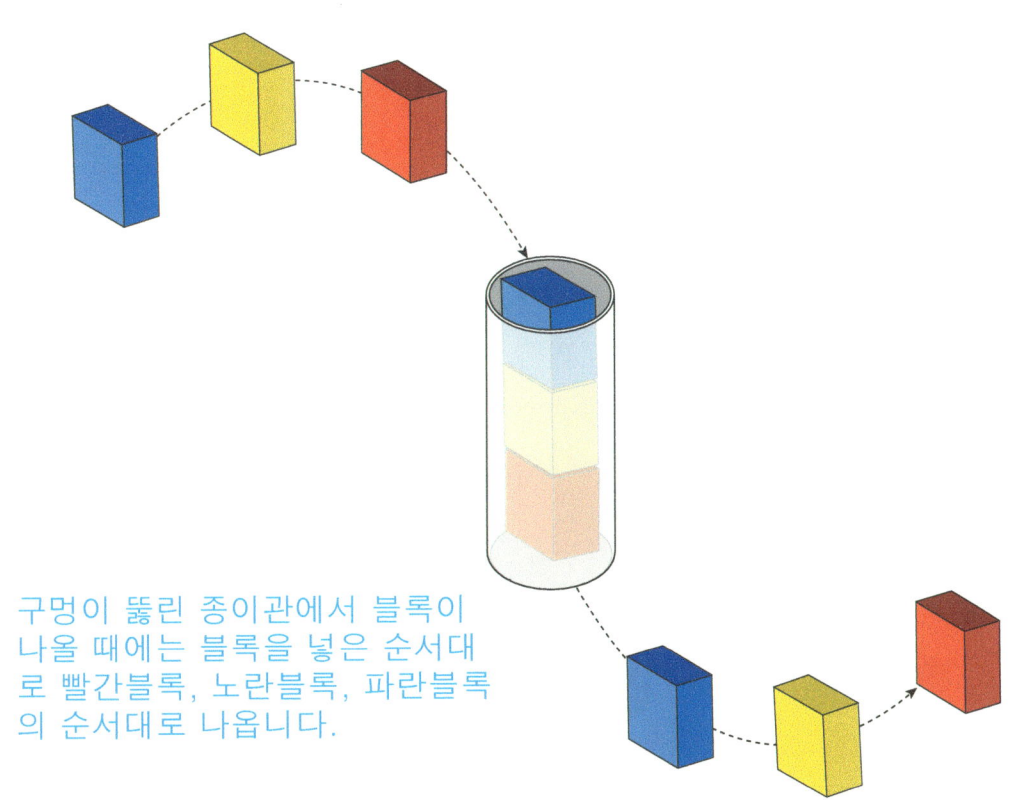

구멍이 뚫린 종이관에서 블록이 나올 때에는 블록을 넣은 순서대로 빨간블록, 노란블록, 파란블록의 순서대로 나옵니다.

데이터 입력 삭제

컴퓨터에 데이터를 넣고(입력) 뺄 때(삭제) 먼저 입력한 것이 먼저 삭제되고 나중에 입력한 것이 나중에 삭제되는 구조를 '큐'라고 합니다. 데이터 처리 방법 중 하나입니다.

● '스텍 방식'과 '큐 방식'을 비교해 봅시다.

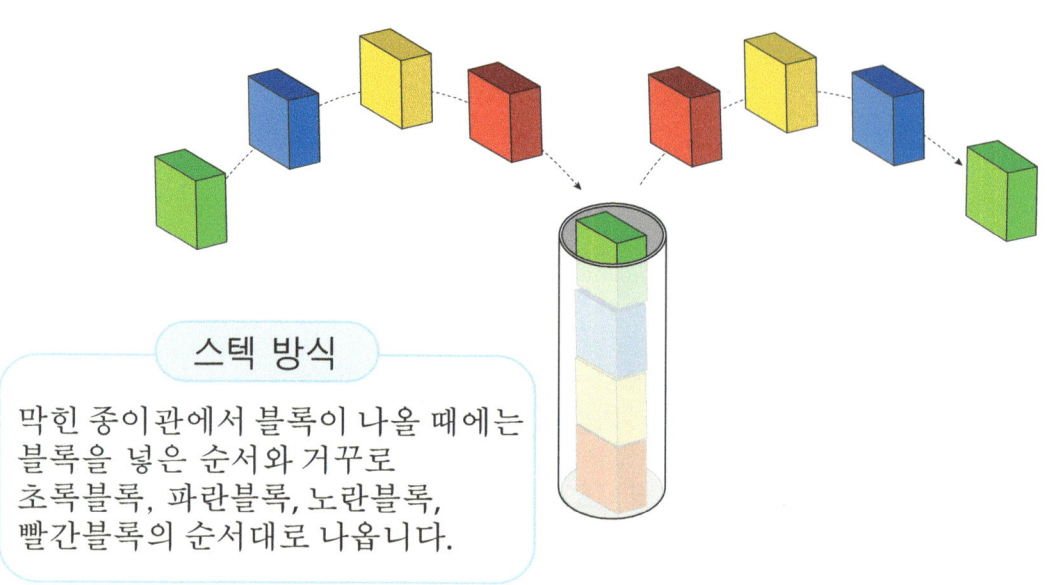

스텍 방식

막힌 종이관에서 블록이 나올 때에는 블록을 넣은 순서와 거꾸로 초록블록, 파란블록, 노란블록, 빨간블록의 순서대로 나옵니다.

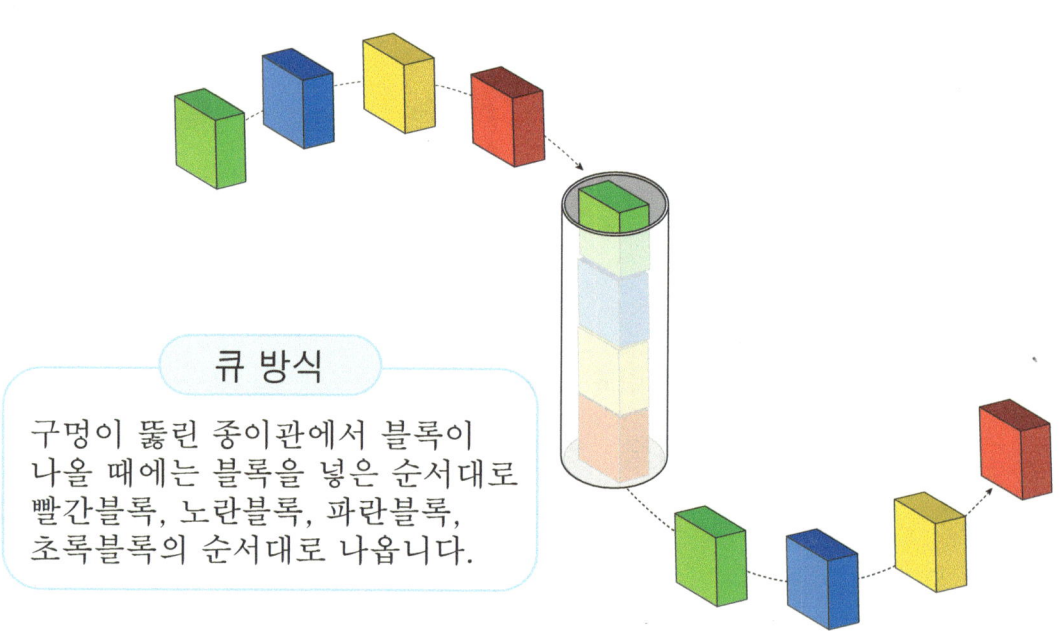

큐 방식

구멍이 뚫린 종이관에서 블록이 나올 때에는 블록을 넣은 순서대로 빨간블록, 노란블록, 파란블록, 초록블록의 순서대로 나옵니다.

- 컴퓨터에서 '스텍 방식'으로 데이터를 처리 할 때 아래 색의 순서대로 데이터를 입력합니다. 입력한 순서를 기억하시오.

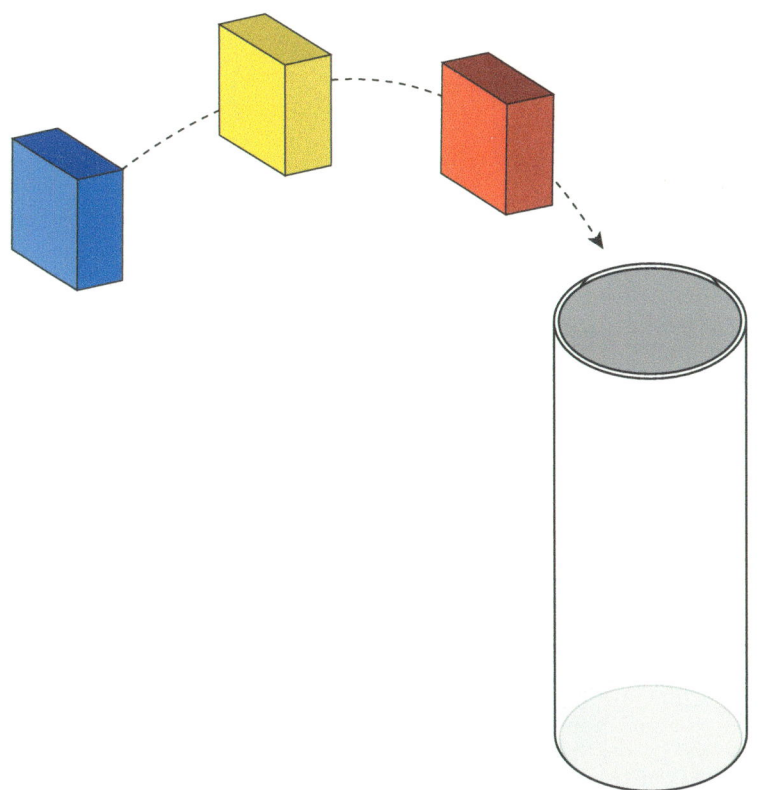

● 앞쪽의 데이터 입력 순서를 기억한 후 데이터가 삭제되는 순서대로 1, 2, 3 번호를 쓰시오.

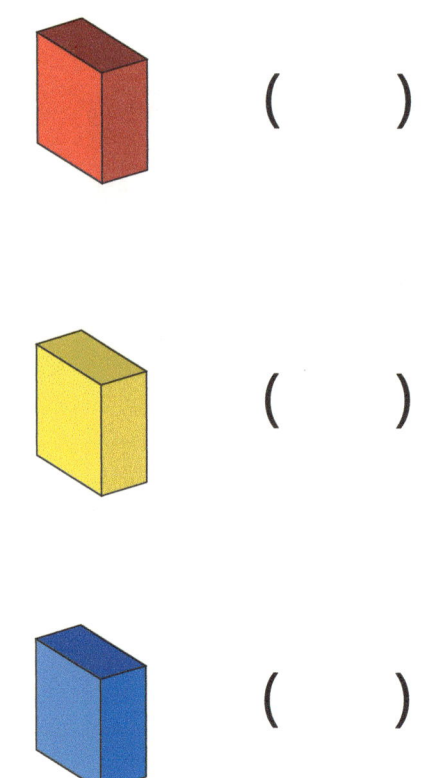

( )

( )

( )

● 컴퓨터에서 '스텍 방식'으로 데이터를 처리 할 때 아래 색의 순서대로 데이터를 입력합니다. 입력한 순서를 기억하시오.

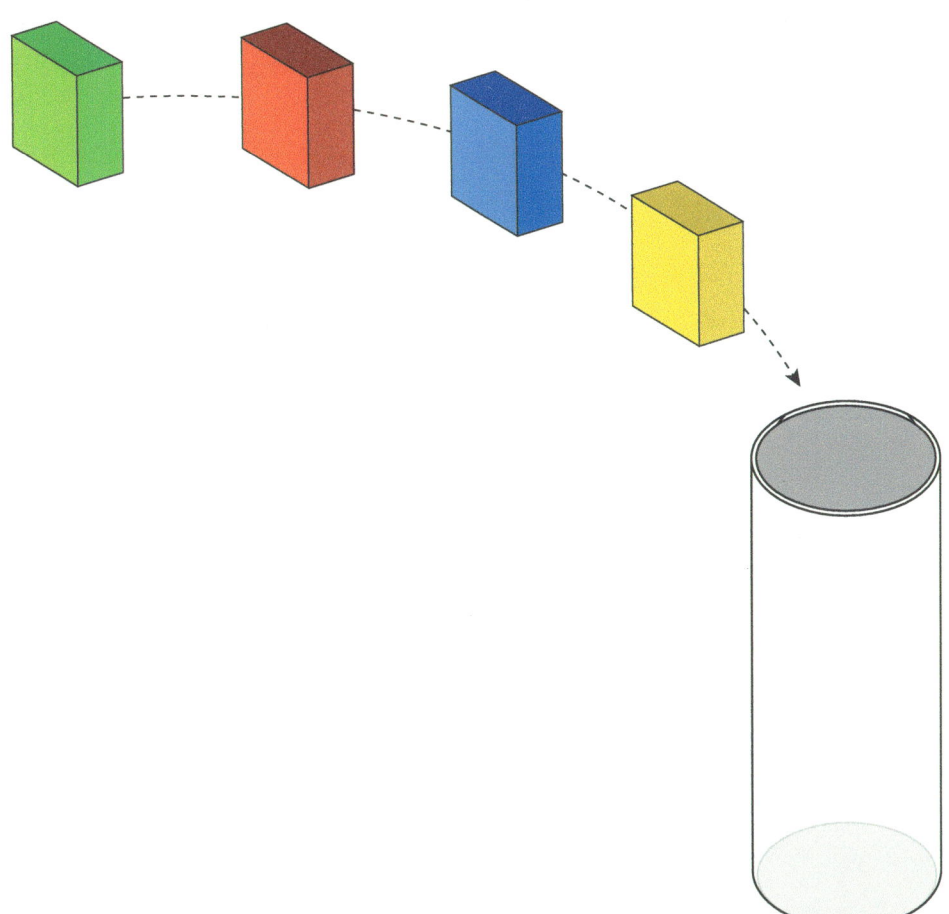

● 앞쪽의 데이터 입력 순서를 기억한 후 데이터가 삭제되는 순서대로 1, 2, 3, 4 번호를 쓰시오.

(　　)

(　　)

(　　)

(　　)

● 컴퓨터에서 '스텍 방식'으로 데이터를 처리 할 때 아래 색의 순서대로 데이터를 입력합니다. 입력한 순서를 기억하시오.

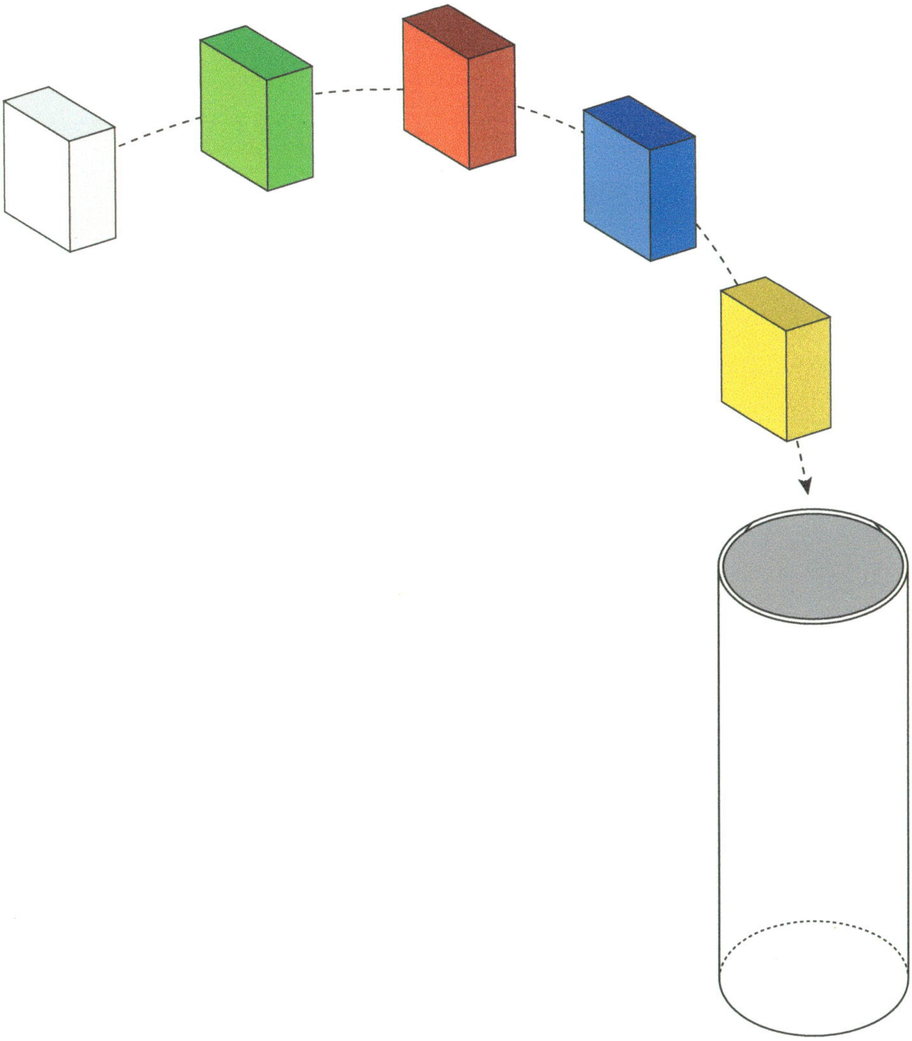

● 앞쪽의 데이터 입력 순서를 기억한 후 데이터가 삭제되는 순서대로 1, 2, 3, 4, 5 번호를 쓰시오.

(　　)

(　　)

(　　)

(　　)

(　　)

● 컴퓨터에서 '큐 방식'으로 데이터를 처리 할 때 아래 색의 순서대로 데이터를 입력합니다. 입력한 순서를 기억하시오.

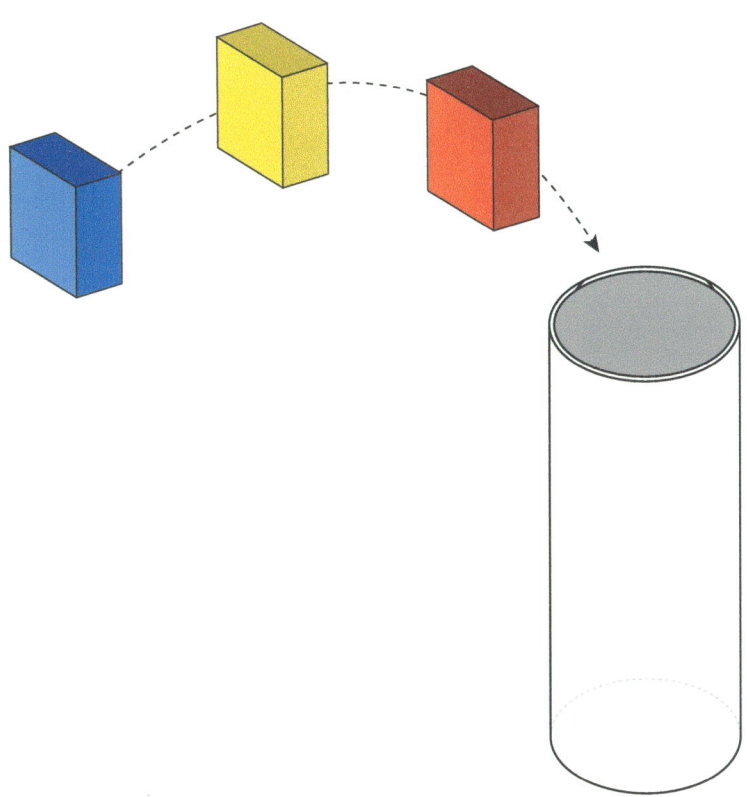

- 앞쪽의 데이터 입력 순서를 기억한 후 데이터가 삭제되는 순서대로 1, 2, 3 번호를 쓰시오.

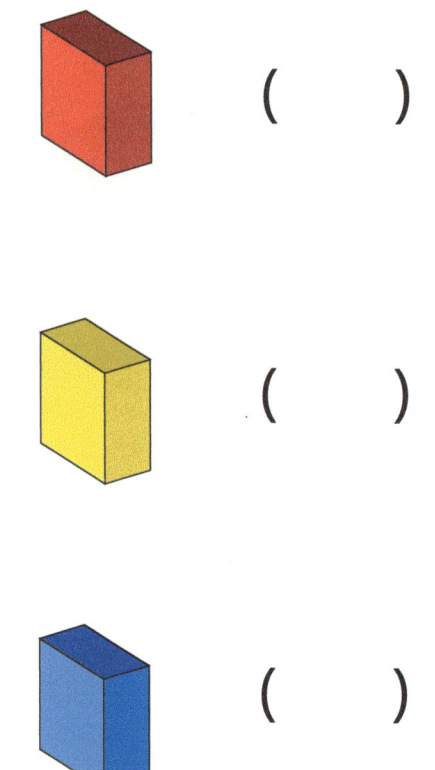

(　)

(　)

(　)

● 컴퓨터에서 '큐 방식'으로 데이터를 처리 할 때 아래 색의 순서대로 데이터를 입력합니다. 입력한 순서를 기억하시오.

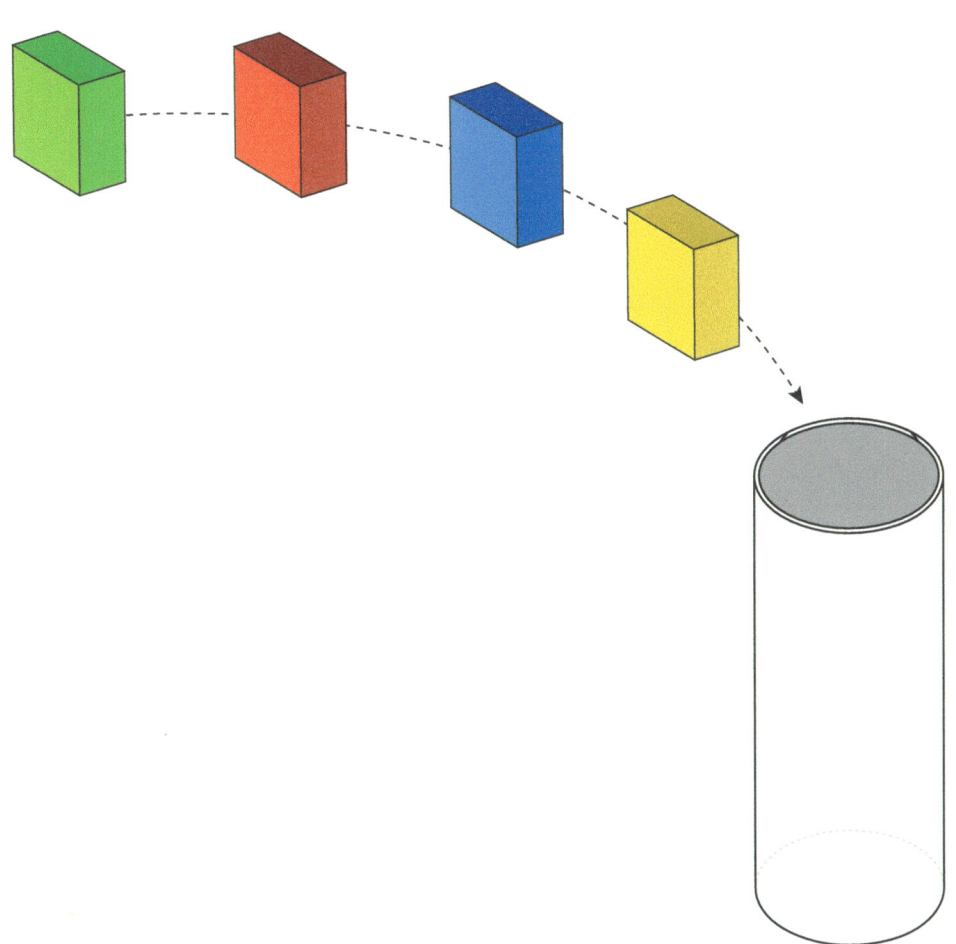

● 앞쪽의 데이터 입력 순서를 기억한 후 데이터가 삭제되는 순서대로 1, 2, 3, 4 번호를 쓰시오.

🟥　　　(　)

🟨　　　(　)

🟦　　　(　)

🟩　　　(　)

● 컴퓨터에서 '큐 방식'으로 데이터를 처리 할 때 아래 색의 순서대로 데이터를 입력합니다. 입력한 순서를 기억하시오.

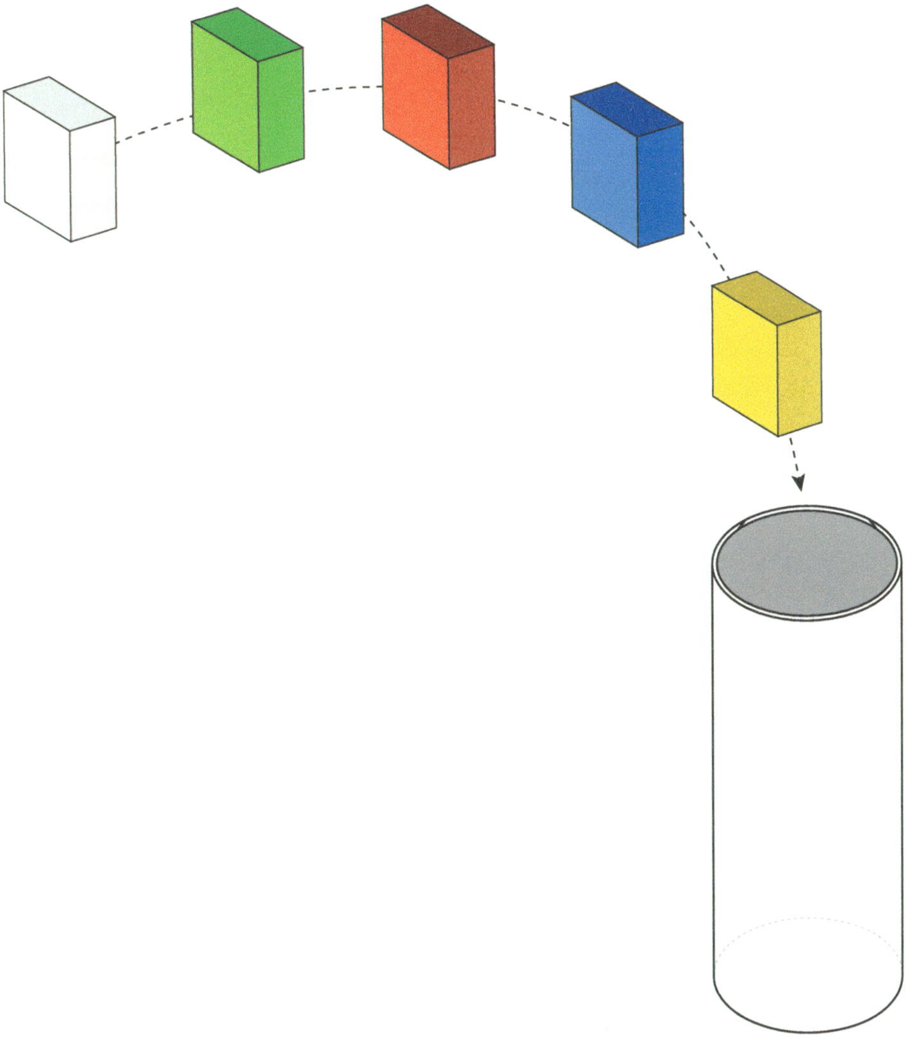

 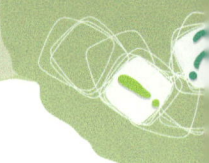

● 앞쪽의 데이터 입력 순서를 기억한 후 데이터가 삭제되는 순서대로 1, 2, 3, 4, 5 번호를 쓰시오.

(　　)

(　　)

(　　)

(　　)

(　　)

처음 시작하는 언플러그드 코딩놀이

아주 쉬운 코딩 놀이수학

이진트리

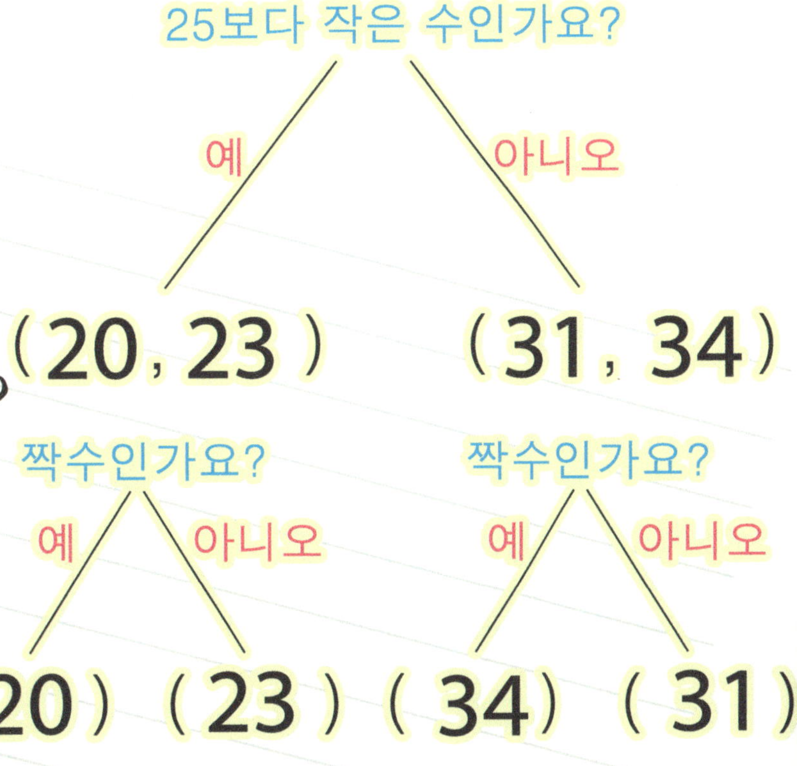

25보다 작은 수인가요?
- 예 → (20, 23)
  - 짝수인가요?
    - 예 → (20)
    - 아니오 → (23)
- 아니오 → (31, 34)
  - 짝수인가요?
    - 예 → (34)
    - 아니오 → (31)

● 아래 자료를 관찰한 후 다음의 물음에 따라 나누어 분류합니다.

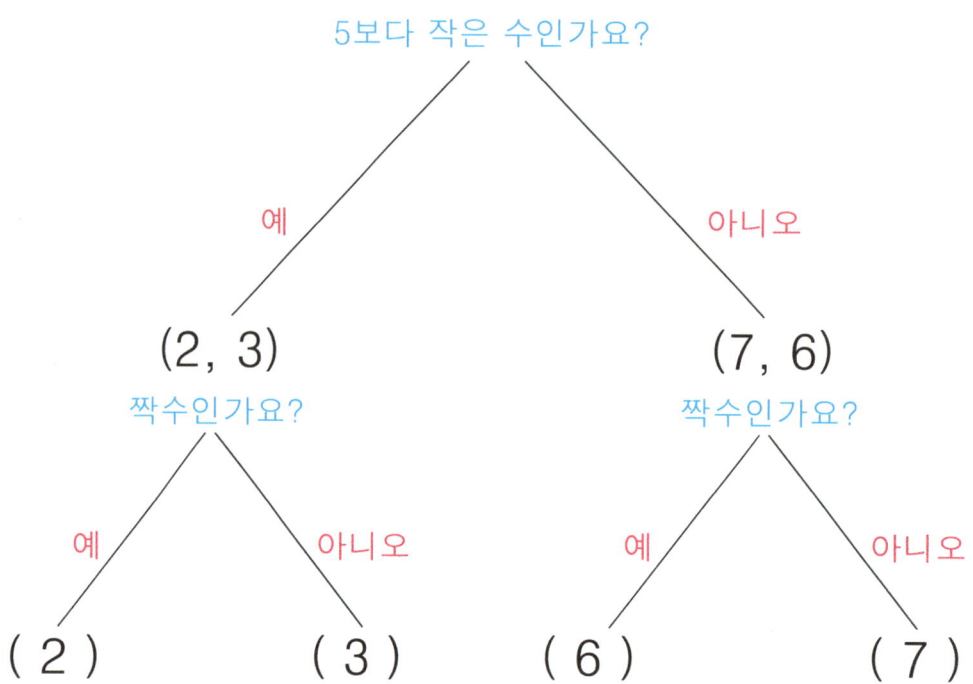

이진 트리

컴퓨터에서는 자료를 어떤 기준에 따라 분류하는 것을 결정 트리라고 하며 이와 같이 두가지로만 나누어 분류하는 것을 이진 트리라고 합니다.

● 이진 트리 구조에서 다음 자료에 알맞은 번호를 써 넣으시오.

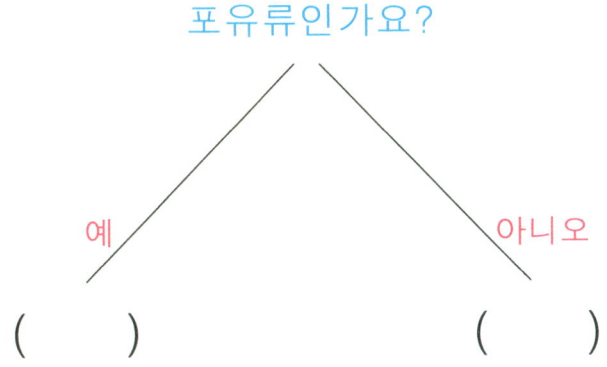

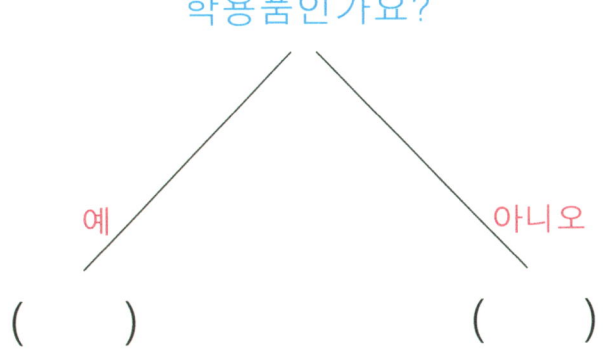

● 이진 트리 구조에서 다음 자료에 알맞은 번호를 써 넣으시오.

① 사자   ② 상어   ③ 개구리   ④ 사슴

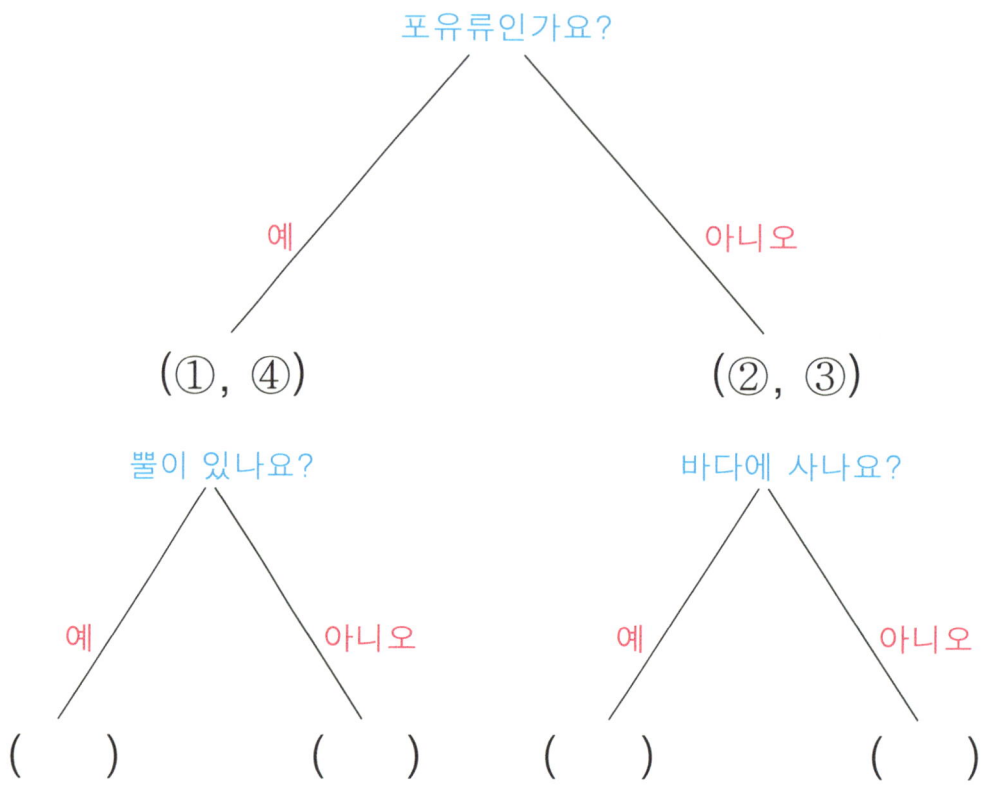

● 이진 트리 구조에서 다음 자료에 알맞은 번호를 써 넣으시오.

① 사과   ② 아이스크림   ③ 바나나   ④ 과자

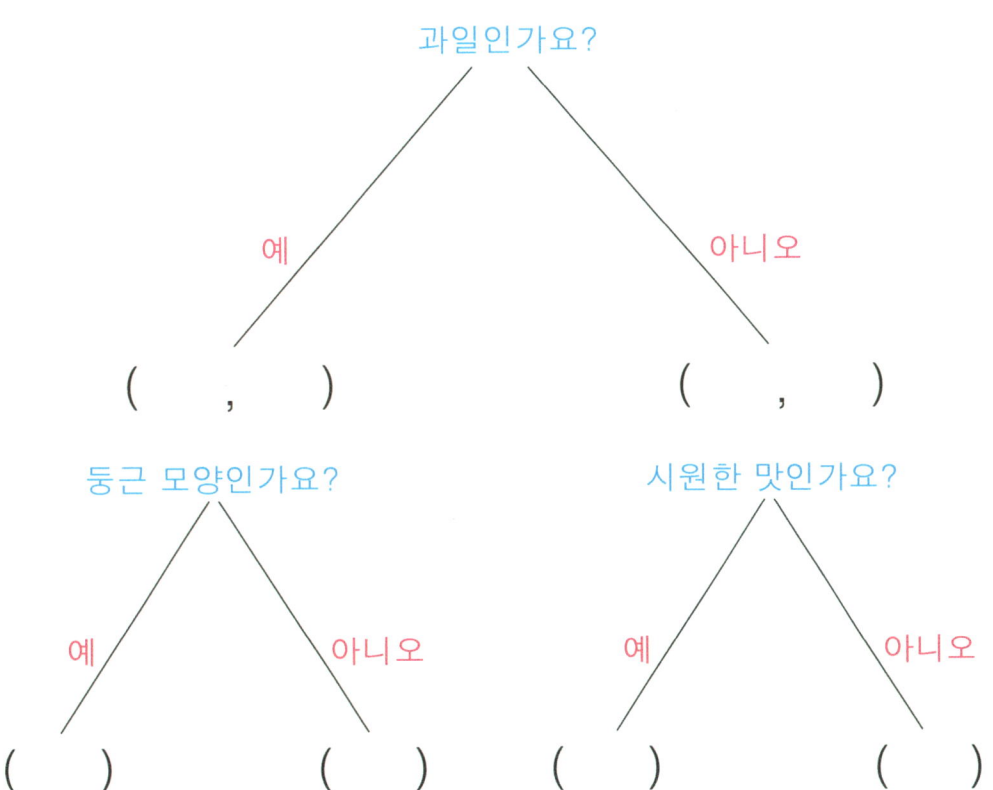

● 이진 트리 구조에서 다음 자료에 알맞은 번호를 써 넣으시오.

① 모자　② 신발　③ 바지　④ 양말

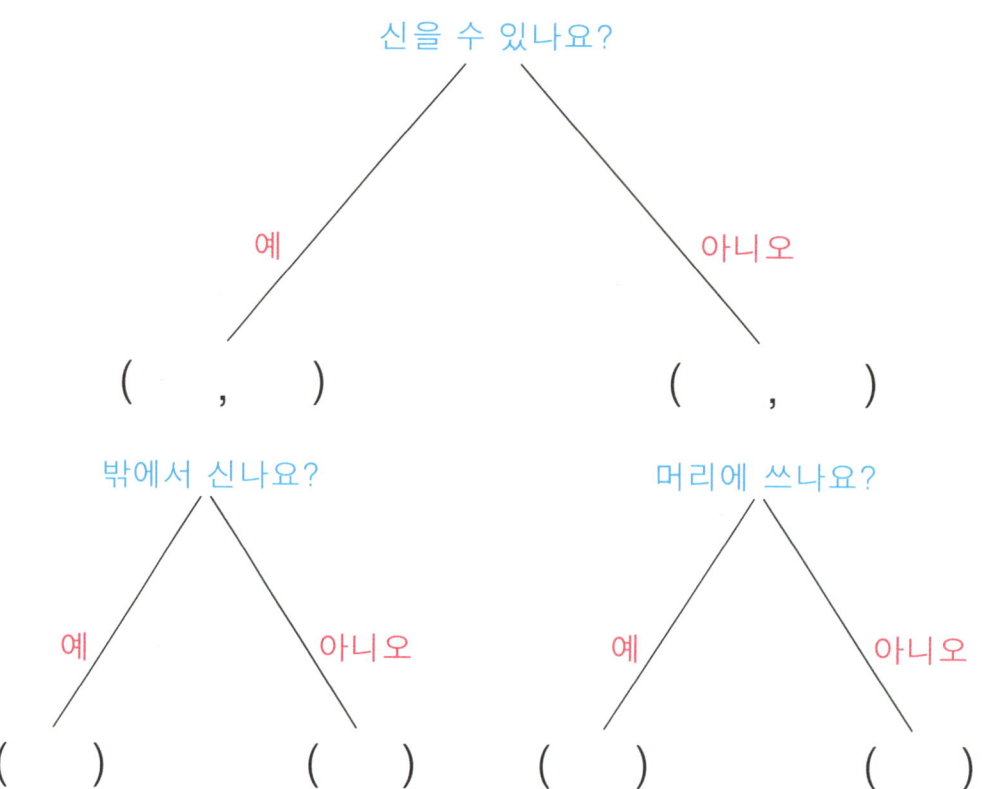

● 이진 트리 구조에서 다음 자료에 알맞은 번호를 써 넣으시오.

① 해   ② 물   ③ 별   ④ 달

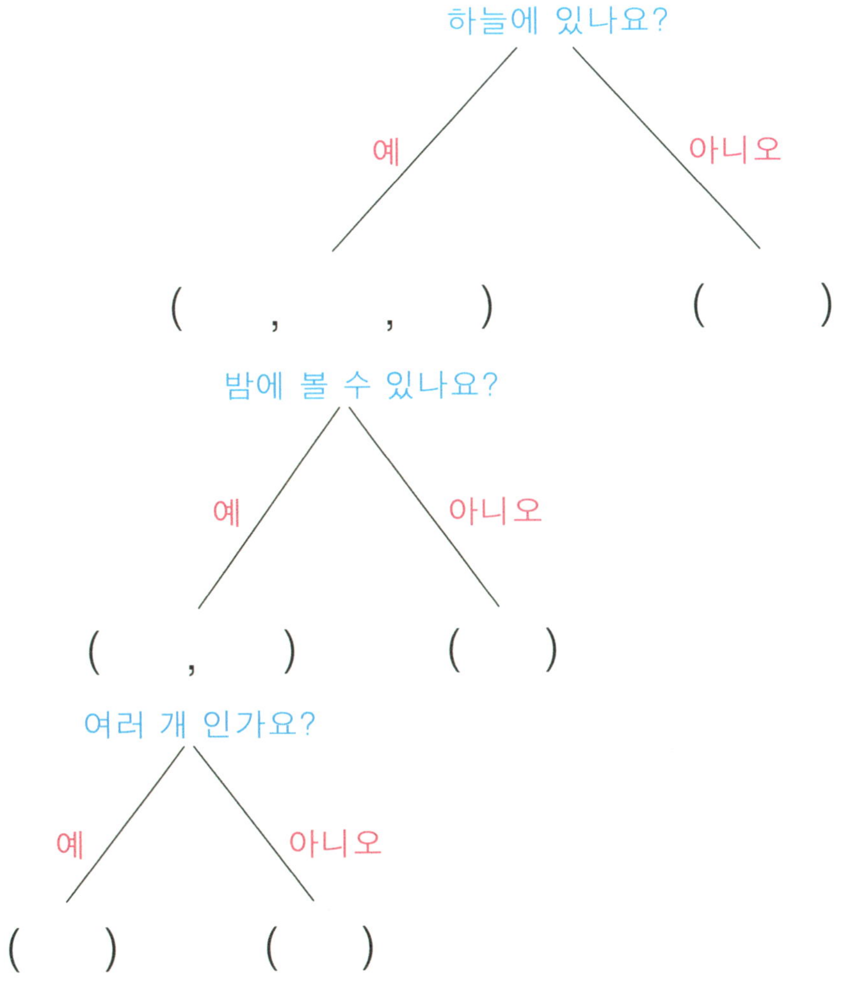

하늘에 있나요?
　　예　　　　아니오
(　, 　, 　)　　(　)

밤에 볼 수 있나요?
　　예　　　아니오
(　, 　)　　(　)

여러 개 인가요?
　　예　　아니오
(　)　　(　)

● 이진 트리 구조에서 다음 자료에 알맞은 번호를 써 넣으시오.

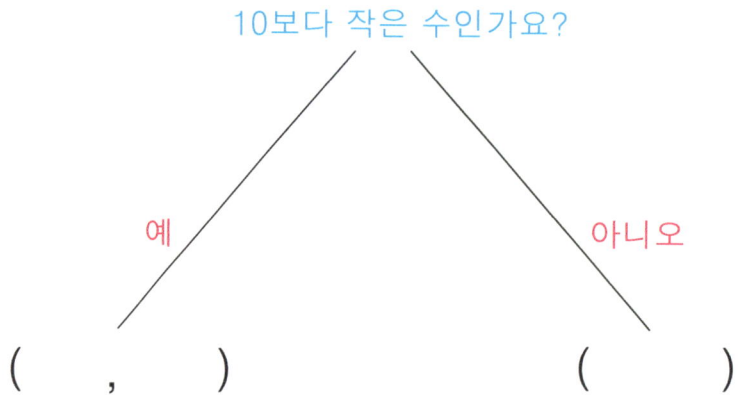

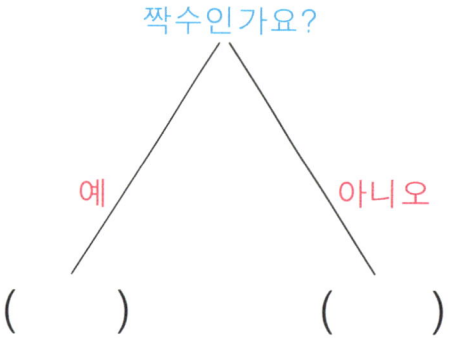

● 이진 트리 구조에서 다음 자료에 알맞은 번호를 써 넣으시오.

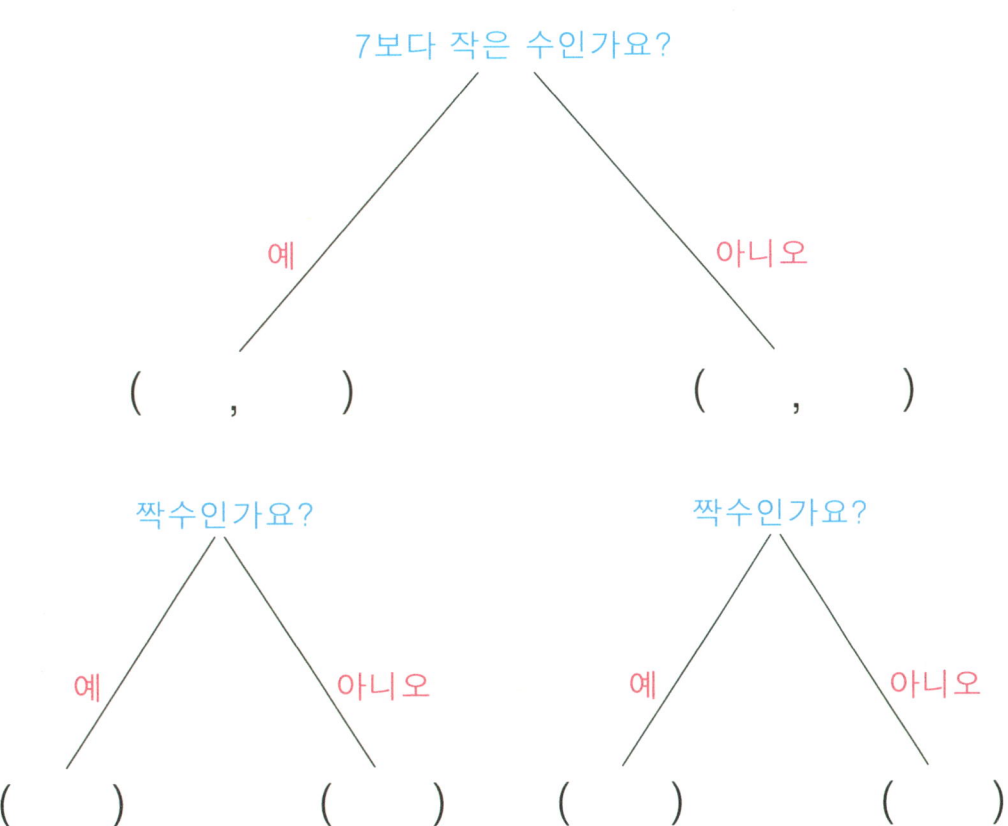

● 이진 트리 구조에서 다음 자료에 알맞은 번호를 써 넣으시오.

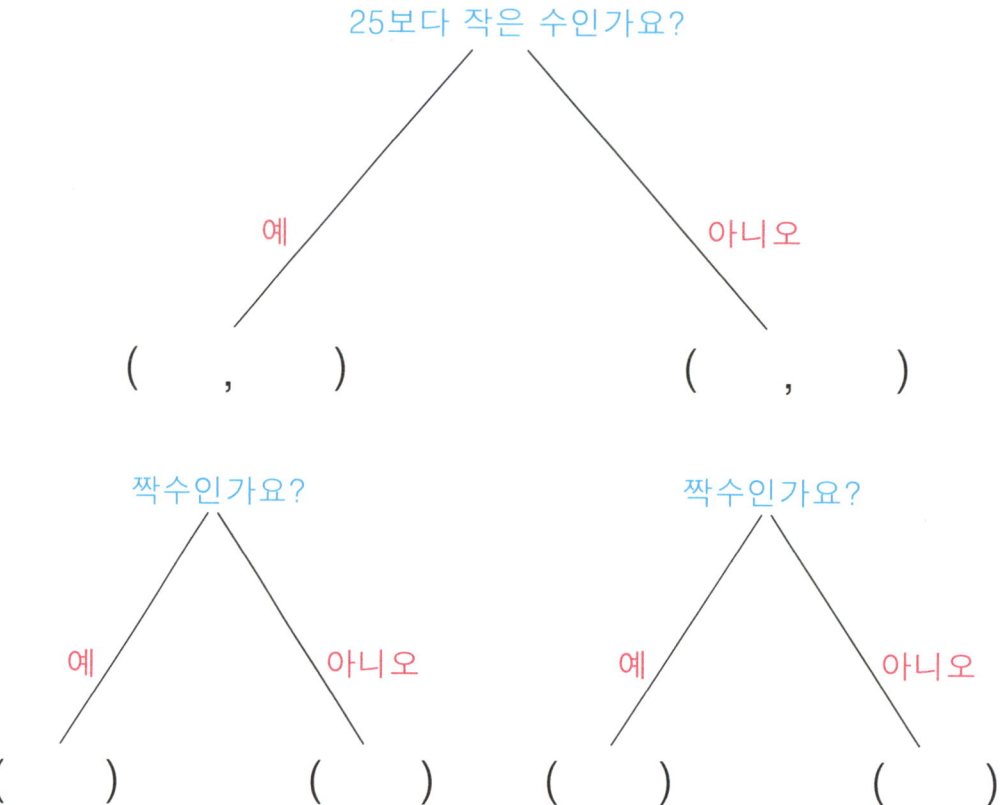

● 이진 트리 구조에서 다음 자료에 알맞은 번호를 써 넣으시오.

12 6 3 13 1

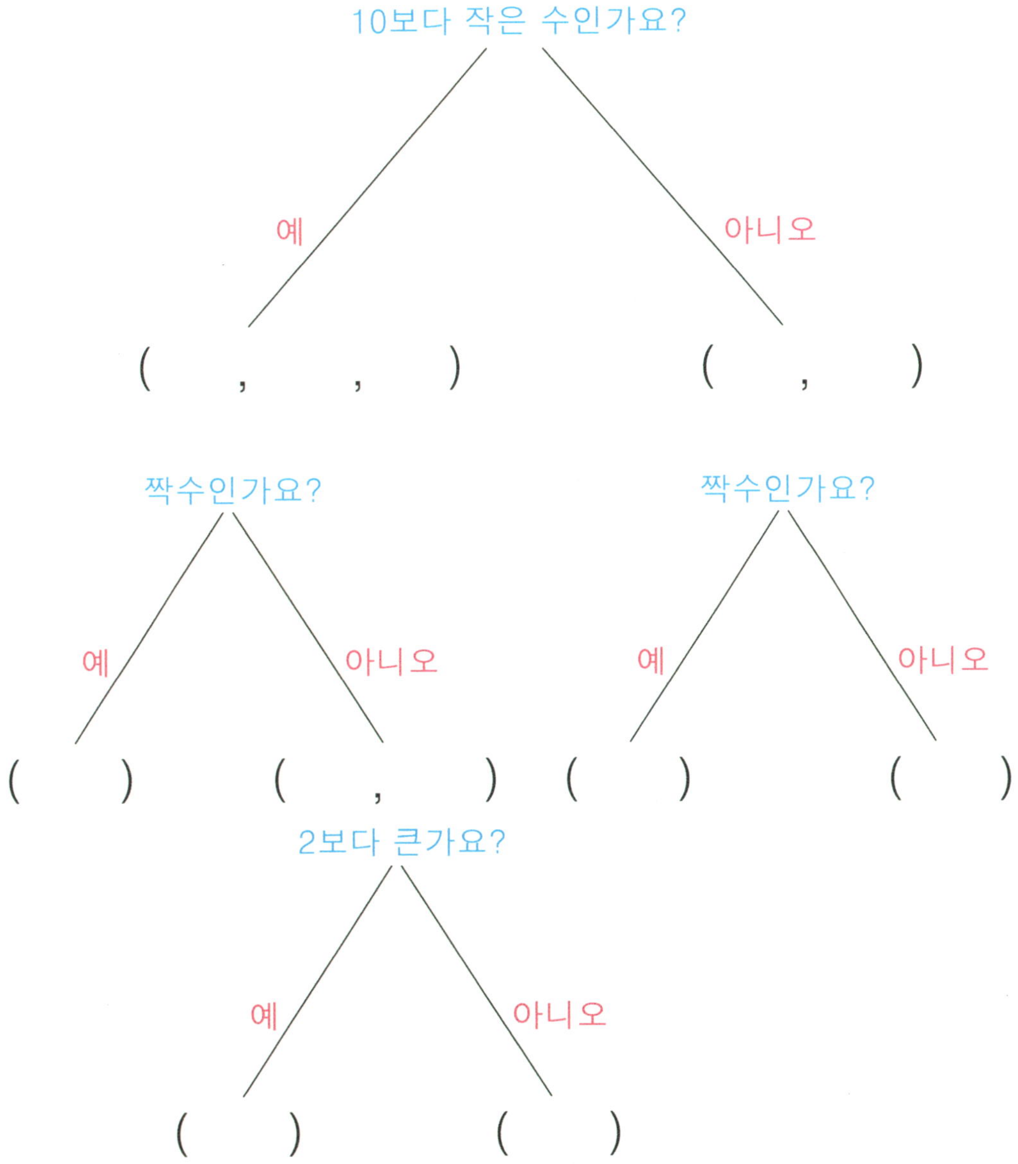

10보다 작은 수인가요?

예 — 아니오

(, ,)   (,)

짝수인가요?   짝수인가요?

예 — 아니오   예 — 아니오

( ) (,)   ( )   ( )

2보다 큰가요?

예 — 아니오

( )   ( )

11

● 이진 트리 구조에서 다음 자료에 알맞은 번호를 써 넣으시오.

$$\boxed{2 \quad 7 \quad 23 \quad 21 \quad 14}$$

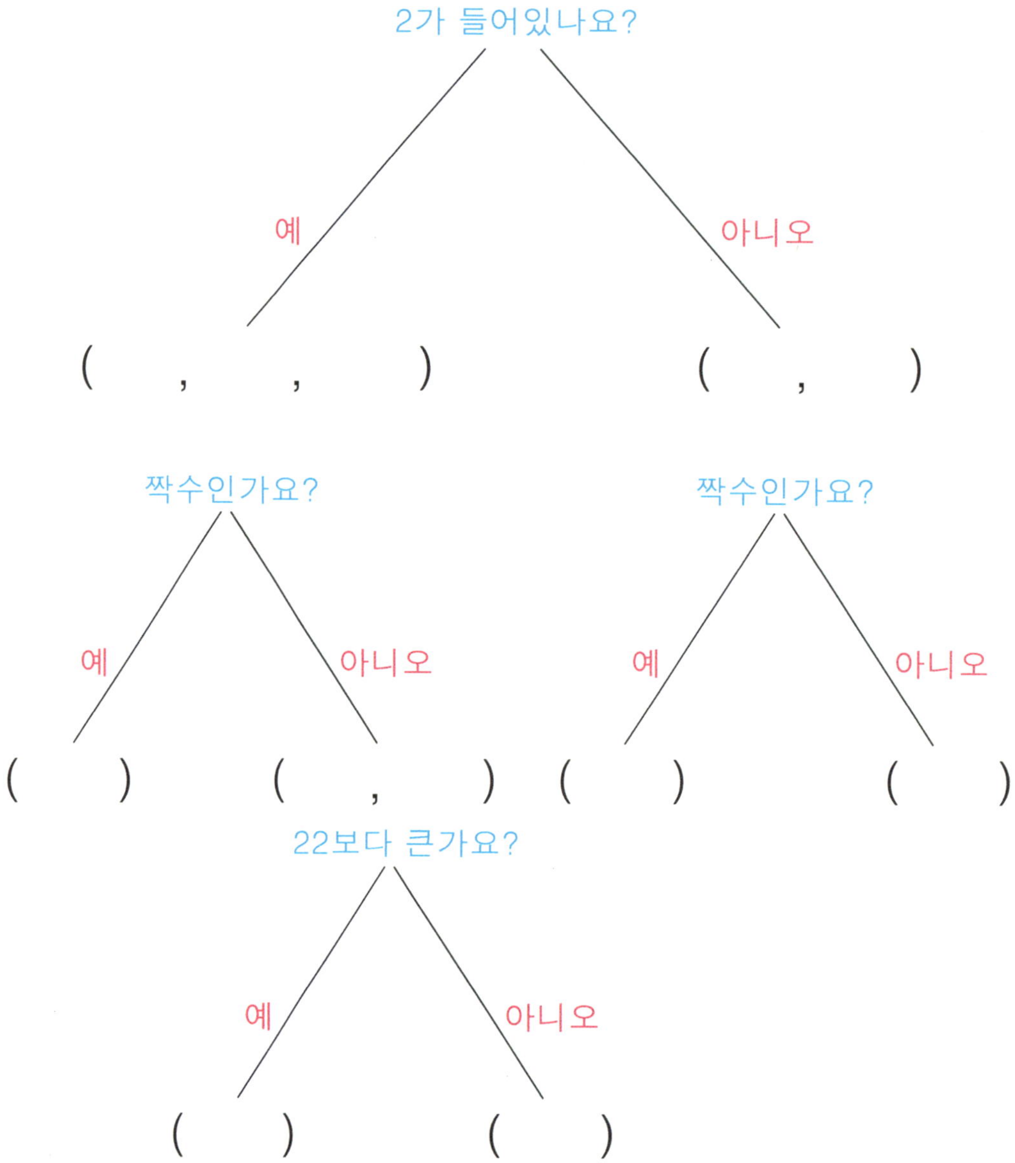

2가 들어있나요?
　예　　　　　　아니오
(　, 　, 　)　　　　(　, 　)

짝수인가요?　　　　　　짝수인가요?
예　　아니오　　　　　예　　아니오
(　)　(　, 　)　　(　)　(　)

22보다 큰가요?
예　　아니오
(　)　(　)

● 이진 트리 구조에서 다음 자료에 알맞은 번호를 써 넣으시오.

한자리 수인가요?

　　예　　　　　　　　　아니오

(　, 　, 　)　　　　　　(　, 　)

짝수인가요?　　　　　　짝수인가요?

예　　아니오　　　　예　　아니오

(　)　(　,　)　　(　)　(　)

8보다 큰가요?

예　　아니오

(　)　(　)

13

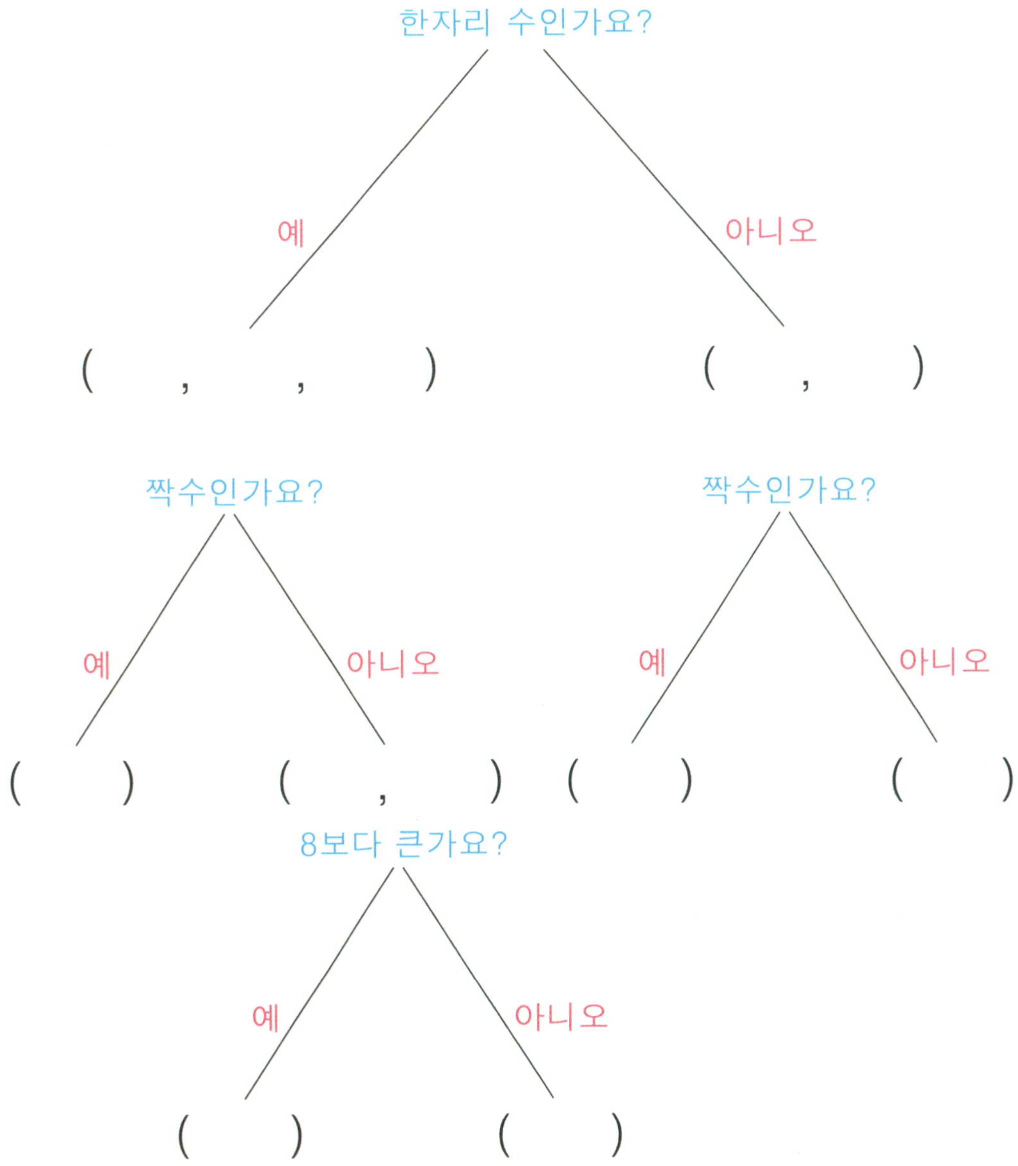

● 이진 트리 구조에서 다음 자료에 알맞은 번호를 써 넣으시오.

| 2　　5　　9　　10　　14　　19 |

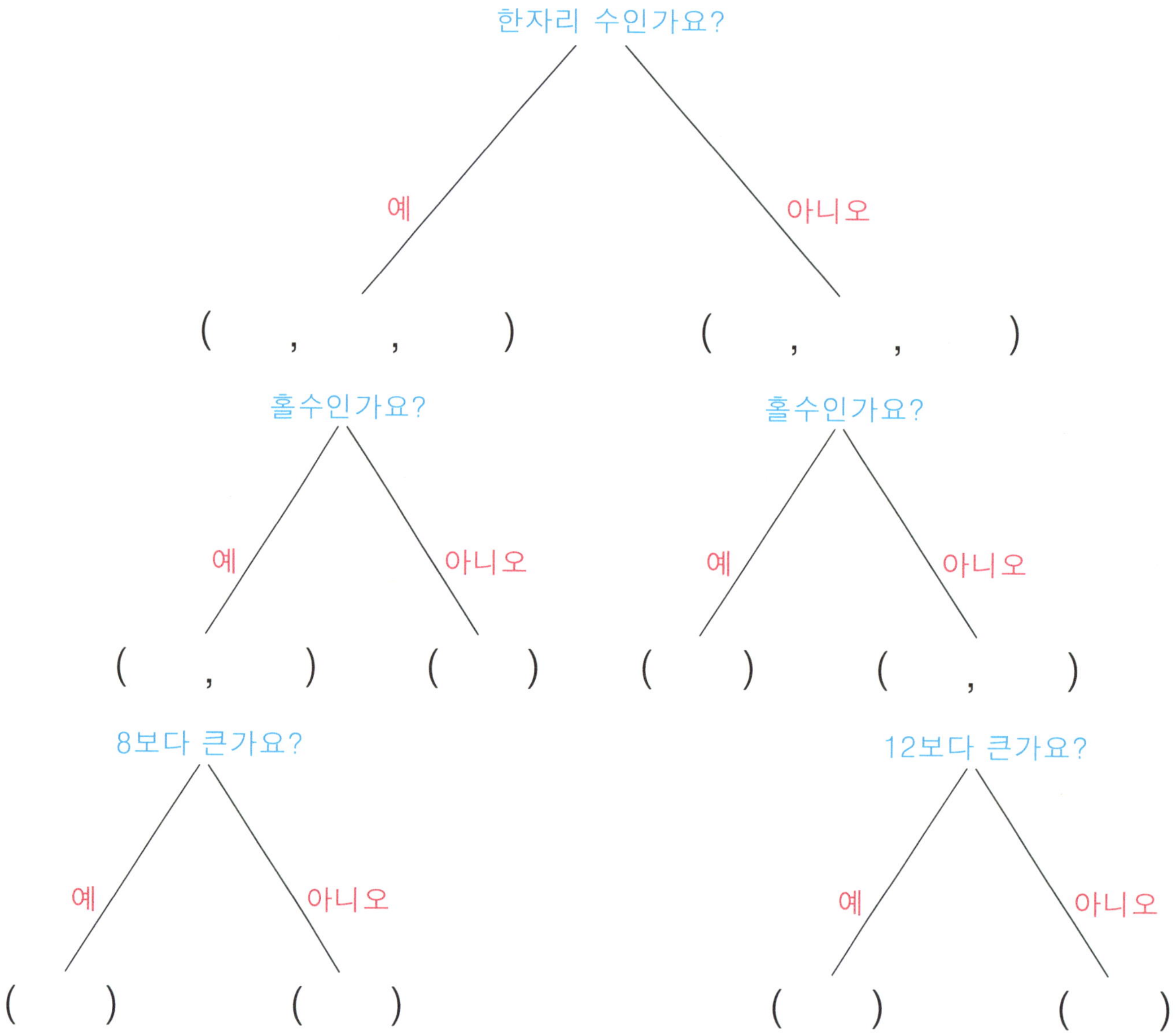

한자리 수인가요?

예 　　　　　　　　　아니오

(　,　　,　　)　　　　　　(　,　　,　　)

홀수인가요?　　　　　　홀수인가요?

예　　　아니오　　　　예　　　아니오

(　,　)　　(　)　　　(　)　　(　,　)

8보다 큰가요?　　　　　　　　12보다 큰가요?

예　　　아니오　　　　　　예　　　아니오

(　)　　(　)　　　　　(　)　　(　)

● 이진 트리 구조에서 다음 자료에 알맞은 번호를 써 넣으시오.

22 3 8 1 16 17

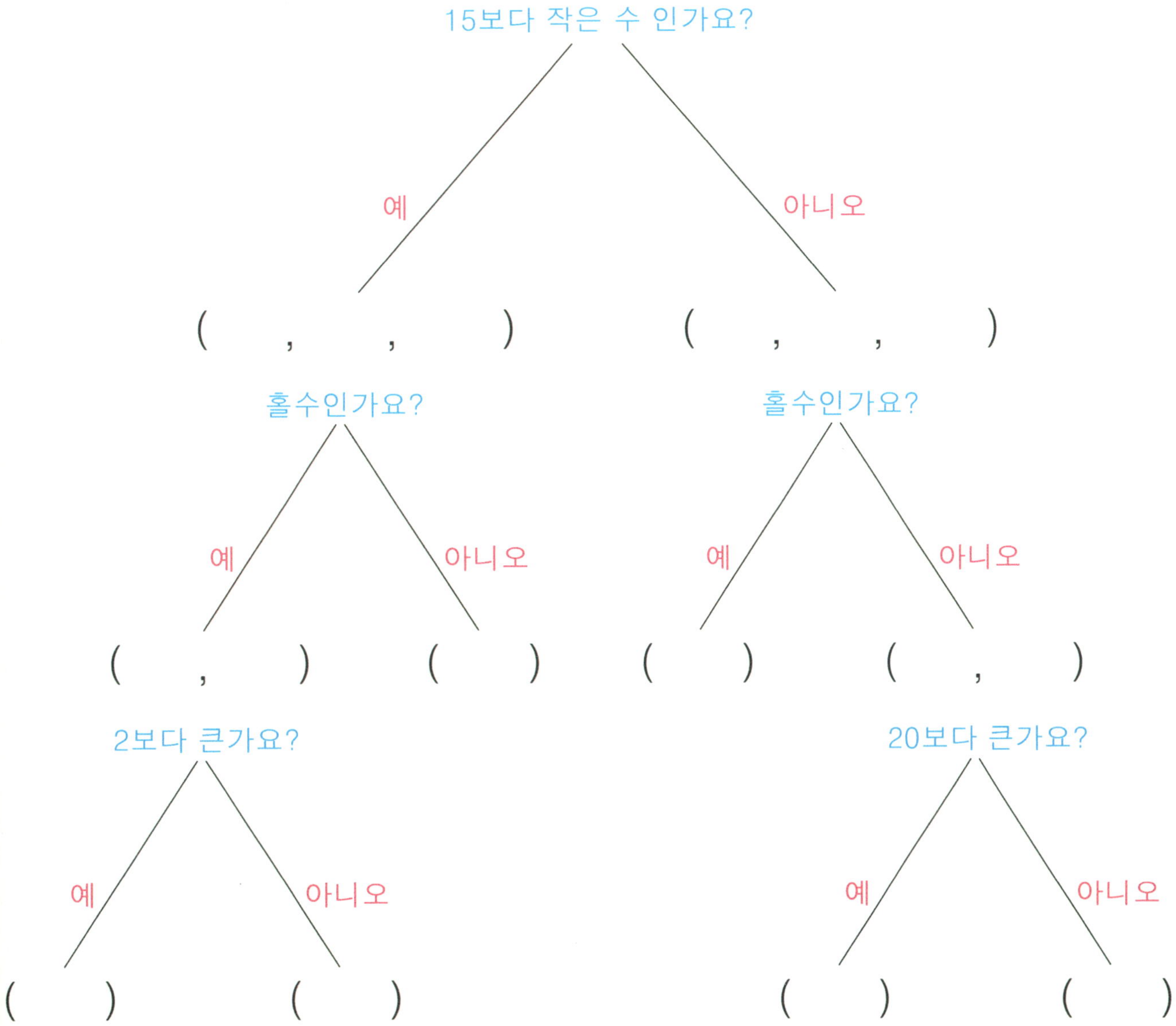

15보다 작은 수 인가요?

예 / 아니오

(3 , 8 , 1)   (22 , 16 , 17)

홀수인가요?   홀수인가요?

예 / 아니오   예 / 아니오

(3 , 1)   (8)   (17)   (22 , 16)

2보다 큰가요?   20보다 큰가요?

예 / 아니오   예 / 아니오

(3)   (1)   (22)   (16)

해답

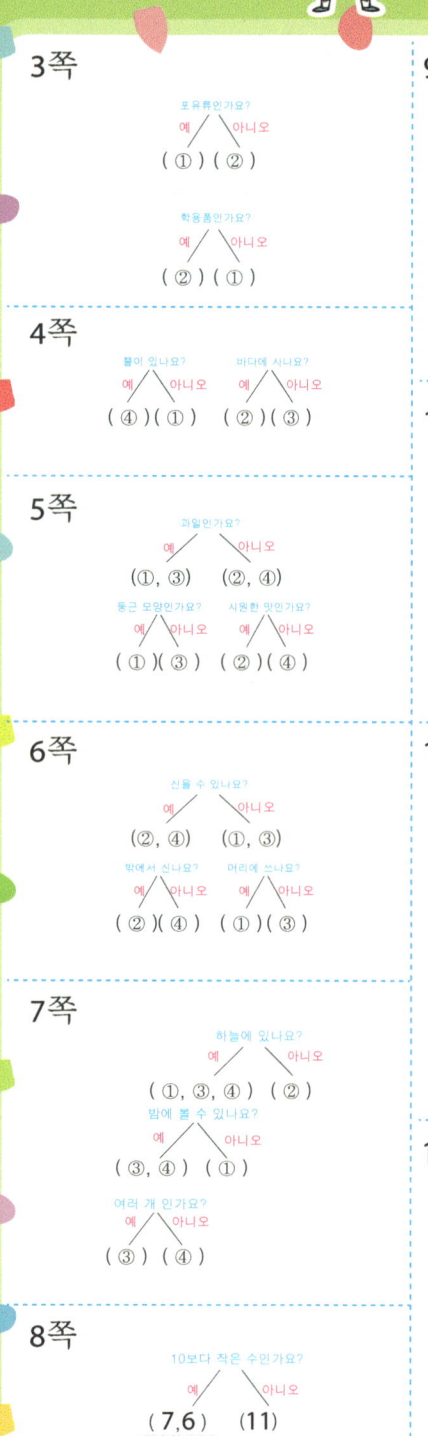
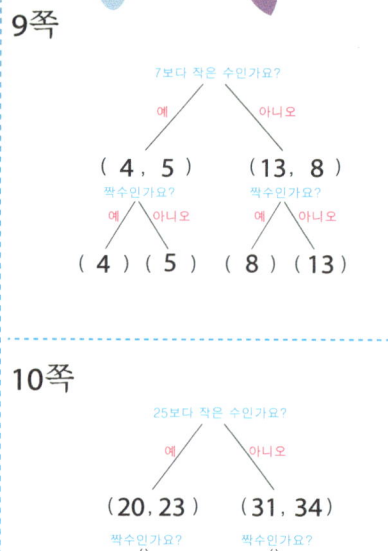
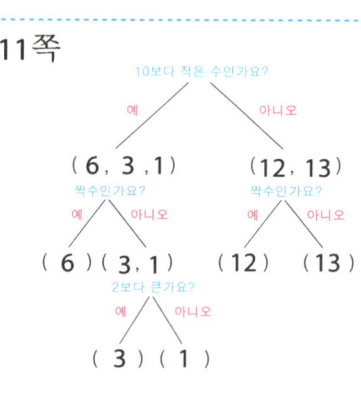
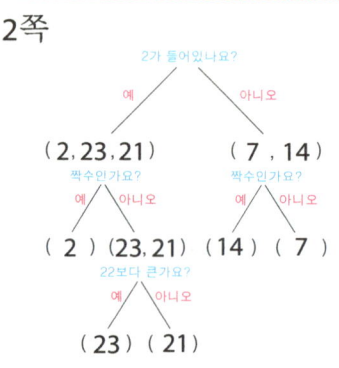
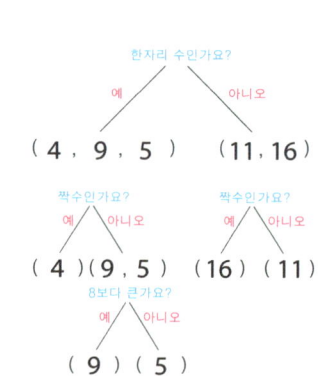
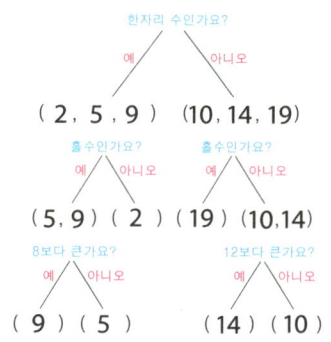
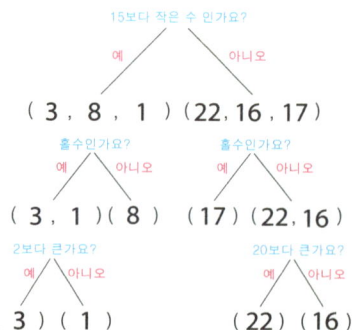

처음 시작하는 언플러그드 코딩놀이

아주 쉬운 코딩 놀이수학

기호 만들기

12345@naver.com

사과 & 배 & 귤

● 기호를 사용하면 긴 문장을 간단하게 표현할 수 있습니다. 아래 문장을 관찰하시오.

> 사과 그리고 배 그리고 귤

'그리고'를 '&'로 나타내기로 약속합니다.('&'는 '앤드'로 읽습니다.)

사과 그리고 배 그리고 귤

사과 & 배 & 귤

기호를 사용하면 자주 쓰이는 글이나 명령어 등을 간단하게 나타낼 수 있습니다.

기호의 약속

컴퓨터의 프로그램 언어는 자주 쓰는 글이나 명령어 등을 새로운 기호를 만들어 사용할 수 있습니다. 그렇게 하면 데이터 크기를 크게 줄이고 한 번에 그 의미를 알아볼 수 있습니다.

● 아래 문장을 기호를 이용하여 줄인 것이 맞는 것에 ○표 하시오.

연필 그리고 가방 그리고 책

① &연필 가방 책& (   )

② 연필 & 가방 & 책 (   )

● 아래 문장을 기호를 이용하여 줄인 것이 맞는 것에 ○표 하시오.

아빠 그리고 엄마 그리고 나

① 아빠 & 엄마 & 나 (   )

② 아빠 엄마 & & 나 (   )

- 아래 문장을 관찰하시오.

naver.com에서 전자메일 주소는 1 2 3 4 5입니다.

위의 글을 아래와 같이 나타내기로 약속합니다.

12345@naver.com

이와 같이 나타내면 간단하면서 명확하게 의미를 전달할 수 있습니다.
('@' 는 '엣' 이라 읽습니다.)

● 아래 문장을 보고 맞는 것끼리 연결하시오.

㉠ naver.com에서 전자메일 주소는 365AAA입니다.

㉡ daum.net에서 전자메일 주소는 365AAA입니다.

㉠ •   • 365AAA@daum.net

㉡ •   • 365AAA@naver.com

- 개미의 명령어를 관찰하시오.

앞으로 가기 → 위로 올라가기 → 앞으로 가기 → 아래로 내려가기

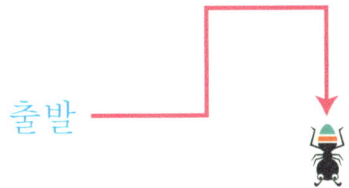

- 명령어를 기호로 바꾼 모양을 알아보시오. 이 기호를 사용하면 길고 복잡한 명령어를 간단하고 작게 표현할 수 있습니다.

앞으로 가기   위로 올라가기   아래로 내려가기

앞으로 가기 → 위로 올라가기 → 앞으로 가기 → 아래로 내려가기

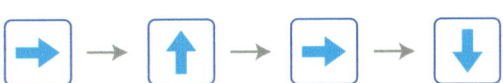

● 명령어를 기호로 표시한 것이 맞는 것에 ○표 하시오.

앞으로 가기 → 앞으로 가기 → 위로 올라가기

① ➡ → ⬆ → ➡   (   )

② ➡ → ➡ → ⬆   (   )

● 명령어를 기호로 표시한 것이 맞는 것에 ○표 하시오.

아래로 내려가기 → 앞으로 가기 → 위로 올라가기 → 앞으로 가기

① ⬇ → ➡ → ⬆ → ➡ (   )

② ➡ → ⬇ → ⬆ → ➡ (   )

● 명령어에 따라 개미가 움직인 길이 맞는 것에 ○표 하시오.

앞으로 가기 → 아래로 내려가기 → 앞으로 가기 → 위로 올라가기

①  (   )

②  (   )

● 명령어에 따라 개미가 움직인 길이 맞는 것에 ○표 하시오.

위로 올라가기 → 앞으로 가기 → 아래로 내려가기 → 앞으로 가기

① 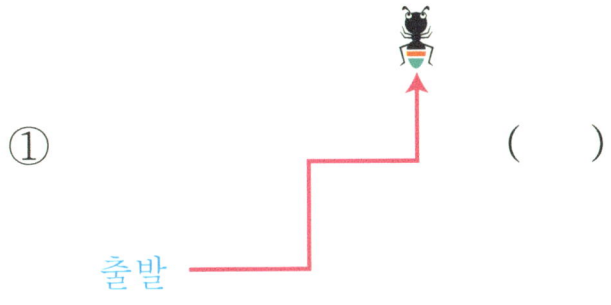 ( )

② 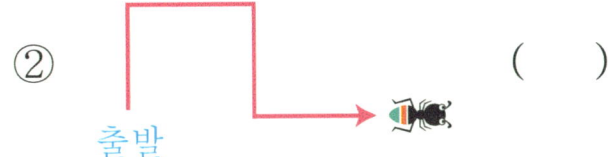 ( )

● 명령어에 따라 개미가 움직인 길이 맞는 것에 ○표 하시오.

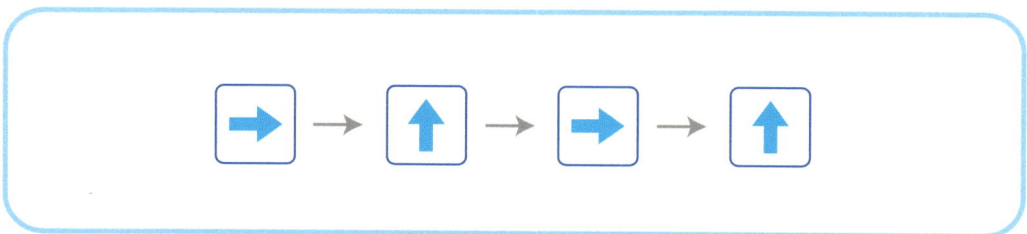

① 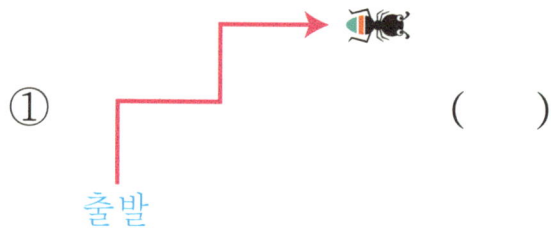 (   )

②  (   )

● 명령어에 따라 개미가 움직인 길이 맞는 것에 ○표 하시오.

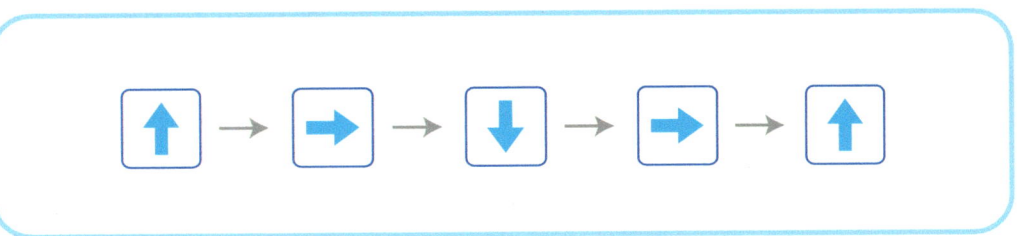

①  ( )

②  ( )

● 개미가 지나간 길을 보고 맞는 명령어에 ○표 하시오.

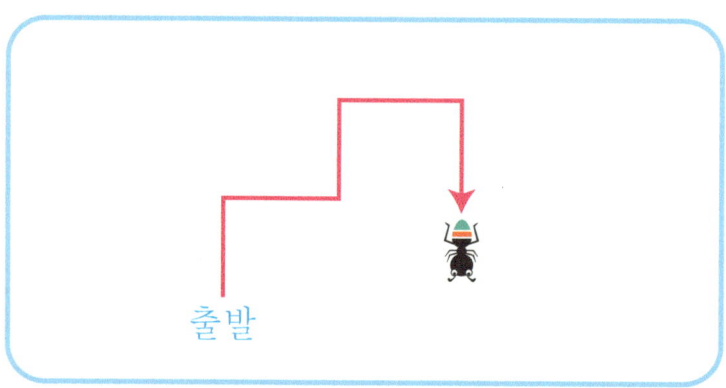

① ↑ → ➡ → ↑ → ➡ → ↑   (   )

② ↑ → ➡ → ↑ → ➡ → ⬇   (   )

● 개미가 지나간 길을 보고 맞는 명령어에 ○표 하시오.

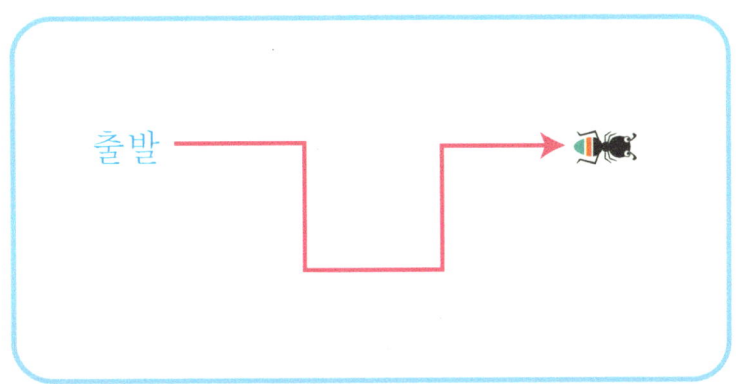

① ➡ → ⬇ → ⬆ → ⬆ → ➡   (   )

② ➡ → ⬇ → ➡ → ⬆ → ➡   (   )

해답

3쪽
② 연필 & 가방 & 책 (○)

4쪽
① 아빠 & 엄마 & 나 (○)

6쪽

8쪽
앞으로 가기 → 앞으로 가기 → 위로 올라가기

②  (○)

9쪽
아래로 내려가기 → 앞으로 가기 → 위로 올라가기 → 앞으로 가기

①  (○)

10쪽
앞으로 가기 → 아래로 내려가기 → 앞으로 가기 → 위로 올라가기

②  (○)

11쪽
위로 올라가기 → 앞으로 가기 → 아래로 내려가기 → 앞으로 가기

② 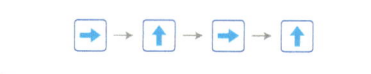 (○)

12쪽

②  (○)

13쪽
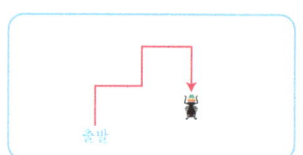

①  (○)

14쪽
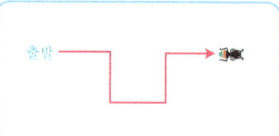

②  (○)

15쪽

② (○)

처음 시작하는 언플러그드 코딩놀이

아주 쉬운 코딩 놀이수학

데이터 줄이기

●마리 ●마리 ●마리 비둘기 ●마리
●마리 ●마리 다람쥐 ●마리

살랑살랑→ ●

산들산들→ ★

● 가을 바람이 ★ 불어온다.

● 문장을 줄이는 방법을 알아보시오.

"송이송이 밤송이 뾰족뾰족 밤송이"

위의 문장에서 반복되는 단어는 '송이'입니다.
송이를 ◎로 표시한다면

"◎◎ 밤◎ 뾰족뾰족 밤◎"

이와 같이 표시할 수 있습니다.

● 문장의 크기를 글자수로 세어 보시오.

송이송이 밤송이 뾰족뾰족 밤송이 → 14자

◎◎ 밤◎ 뾰족뾰족 밤◎ → 10자

데이터 압축

컴퓨터에서 데이터를 관리하거나 메일로 전송할 때 작은 크기로 만들어서 보내면 효율적입니다. 이와 같이 원래의 데이터를 작은 크기로 만드는 것을 '데이터 압축'이라고 합니다. "알집"이라는 프로그램이 대표적입니다.

● 아래 글에서 반복되는 단어에 ○표 하시오.

- 무엇이 무엇이 같을까요?
  (   )   (   )

- 파란 연필 검정 연필 부러진 연필
  (   )   (   )

- 우리집 고양이는 얼룩고양이
  (   )   (   )

- 나비야 나비야 호랑무늬 나비야
  (   )   (   )

● 아래 글에서 반복되는 단어에 ○표 하시오.

- 엄마 엄마 우리 엄마는 요리사
  (   )   (   )

- 엉금 엉금 기어가는 거북이
  (   )   (   )

- 우리집 창문 활짝 열린 창문
  (   )   (   )

- 뻐꾹 뻐꾹 우는 새 뻐꾹새는 뻐꾸기
  (   )   (   )

● 아래 글에서 반복되는 단어에 ○표 하시오.

- <u>떴다</u> 떴다 잠자리 <u>날아라</u>
  (　　)　　　　　　　　(　　)

- <u>토끼</u> 토끼 산토끼 어디로 <u>가느냐</u>?
  (　　)　　　　　　　　　　(　　)

- <u>여우야</u> 여우야 <u>꾀돌이</u> 여우야
  (　　)　　　　(　　)

- <u>개굴</u> 개굴 <u>개구리</u> 논에서 노네
  (　　)　　(　　)

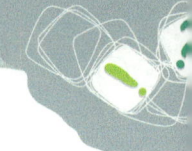

● 단어(호랑이)를 기호로 표시할 때 맞는 것에 ○표 하시오.

호랑이 → ◆

동물원에 아기 호랑이 엄마 호랑이 아빠 호랑이가 사이좋게 살고 있습니다.

① 동물원에 아기 ◆ 엄마 ◆ 아빠 ◆가 사이좋게 살고 있습니다.　　　(　　)

② 동물원에 ◆호랑이 ◆호랑이 ◆호랑이가 사이좋게 살고 있습니다.　　　(　　)

● 단어(마리)를 기호로 표시할 때 맞는 것에 ○표 하시오.

한 마리 두 마리 세 마리 다람쥐 네 마리
다섯 마리 여섯 마리 다람쥐 일곱 마리

① ●마리 ●마리 ●마리 다람쥐 ●마리
　●마리 ●마리 다람쥐 ●마리　　(　)

② 한● 두● 세● 다람쥐 네●
　다섯● 여섯● 다람쥐 일곱●　　(　)

● 단어를 기호로 표시할 때 맞는 것에 ○표 하시오.

살랑살랑 → ●

산들산들 → ★

살랑살랑 가을 바람이 산들산들 불어온다.

① ● 가을 바람이 ★ 불어온다. (   )

② ★ 가을 바람이 ● 불어온다. (   )

● 단어를 기호로 표시할 때 맞는 것에 ○표 하시오.

뛰어 가자 빨리 빨리. 가자 가자 어서 가자.

① 뛰어 ▲ ♣ ♣. ▲ ▲ 어서 ▲. (　　)

② 뛰어 ♣ ▲ ▲. ♣ ♣ 어서 ♣. (　　)

● 반복되는 단어를 기호를 써서 표시하였습니다. 기호와 단어를 알맞게 연결하시오.

뒤뚱뒤뚱 아기 오리 배고파서 꽥꽥꽥
뒤뚱뒤뚱 엄마 오리 밥준다고 꽥꽥꽥

⦿ 아기 ◆ 배고파서 ■
⦿ 엄마 ◆ 밥준다고 ■

오리 •   •

꽥 꽥 꽥 •   •

뒤뚱뒤뚱 •   •

10

● 반복되는 단어를 기호를 써서 표시하였습니다. 기호와 단어를 알맞게 연결하시오.

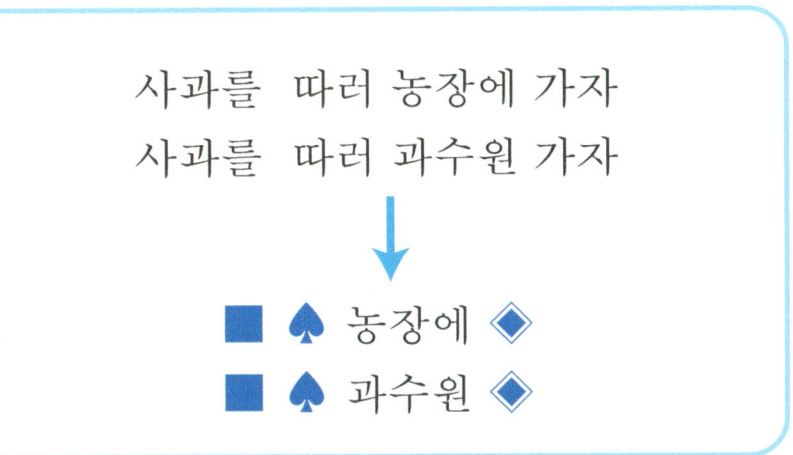

사과를 •　　　　　　　　• ♠

따러 •　　　　　　　　• ◆

가자 •　　　　　　　　• ■

● 아래 문장에서 데이터를 줄일 때 가장 효과적인 단어에 ○표 하시오.

> 다람쥐 다람쥐 아기 다람쥐
> 도토리 좋아하는 아기 다람쥐

① 아기 ( )

② 도토리 ( )

③ 다람쥐 ( )

● 아래 문장에서 데이터를 줄일 때 가장 효과적인 단어에 ○표 하시오.

> 나비야 나비야 고운 나비야.
> 나비야 나비야 훨훨 날아 오너라.
> 노랑나비 흰나비 훨훨 날아 오너라.

① 나비 ( )

② 날아 ( )

③ 오너라 ( )

● 색종이를 아래처럼 표시한 문장을 소리 내어 읽어 보시오.

색종이→■

책상 위에 ■가 있습니다.

빨간 ■ 한 장 노란 ■ 두 장

파란 ■ 세 장 초록 ■ 네 장이

있습니다.

● 나무를 아래처럼 표시한 문장을 소리 내어 읽어 보시오.

나무→●

산속에 ●가 많이 있습니다.

푸르른 소● 노란색 은행 ●
빨간 단풍 ● 밤송이 달린 밤●
●야 ●야 무럭무럭 자라렴.

해답

3쪽

- 무엇이 무엇이 같을까요?
  (O)   ( )

- 파란 연필 검정 연필 부러진 연필
  ( )   ( )   (O)

- 우리집 고양이는 얼룩고양이
  ( )   (O)

- 나비야 나비야 호랑무늬 나비야
  (O)   ( )

4쪽

- 엄마 엄마 우리 엄마는 요리사
  (O)   ( )

- 엉금 엉금 기어가는 거북이
  (O)   ( )

- 우리집 창문 활짝 열린 창문
  ( )   (O)

- 뻐꾹 뻐꾹 우는 새 뻐국새는 뻐꾸기
  (O)   ( )

5쪽

- 떴다 떴다 잠자리 날아라
  (O)   ( )

- 토끼 토끼 산토끼 어디로 가느냐?
  (O)   ( )

- 여우야 여우야 꾀돌이 여우야
  (O)   ( )

- 개굴 개굴 개구리 논에서 노네
  (O)   ( )

6쪽

① 동물원에 아기 ◆ 엄마 ◆ 아빠 ◆가 (O)
  사이좋게 살고 있습니다.

7쪽

② 한● 두● 세● 다람쥐 네●
   다섯● 여섯● 다람쥐 일곱●   (O)

8쪽

① ● 가을 바람이 ★ 불어온다. (O)

9쪽

② 뛰어 ♣ ▲ ▲. ♣ ♣ 어서 ♣. (O)

10쪽

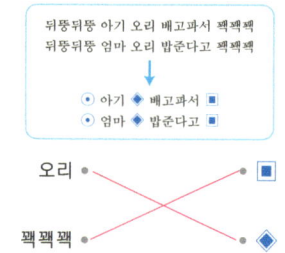

11쪽

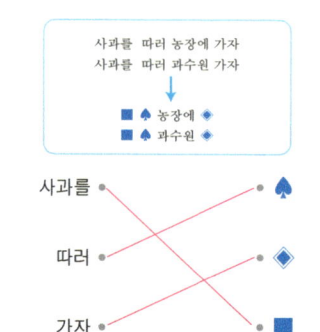

12쪽

● ● 아기 ●
도토리 좋아하는 아기 ●

③ 다람쥐 (O)

13쪽

●야 ●야 고운 ●야.
●야 ●야 훨훨 날아 오너라.
노랑● 흰● 훨훨 날아 오너라.

① 나비 (O)

처음 시작하는 언플러그드 코딩놀이

아주 쉬운 코딩 놀이수학

최적화 네트워크

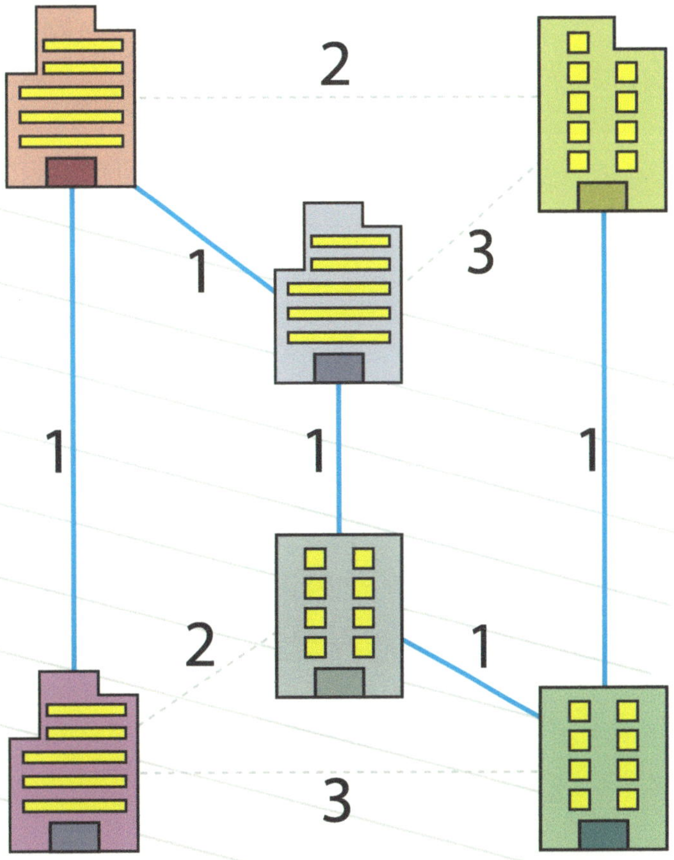

● 모든 집에 불이 켜지도록 전선을 연결합니다. 숫자는 전선을 연결하는 비용입니다. 가장 적은 비용으로 연결하는 방법을 알아보시오.(불은 집끼리 전선만 연결되면 들어옵니다.)

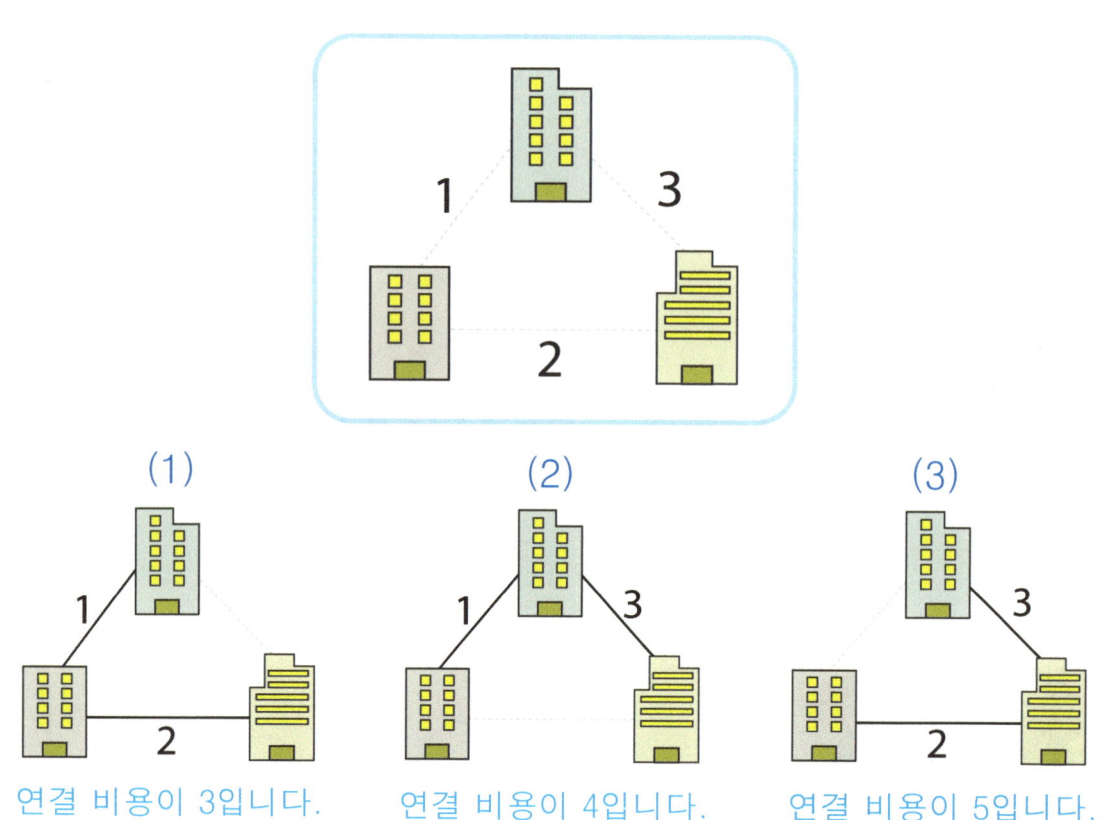

따라서 (1)번과 같이 전선을 연결하면 비용이 가장 적게 듭니다.

최적화 네트워크

컴퓨터에서 주어진 문제를 해결할 때 가장 적은 비용으로 해결하는 것이 가장 경제적인 방법입니다. 이러한 방법을 '최적화 네트워크'라고 합니다.

● 모든 집에 불이 들어오도록 전선을 연결할 때 비용이 가장 적게 들도록 점선을 따라 전선을 그어 보시오. 또 그 비용에 ○표 하시오.

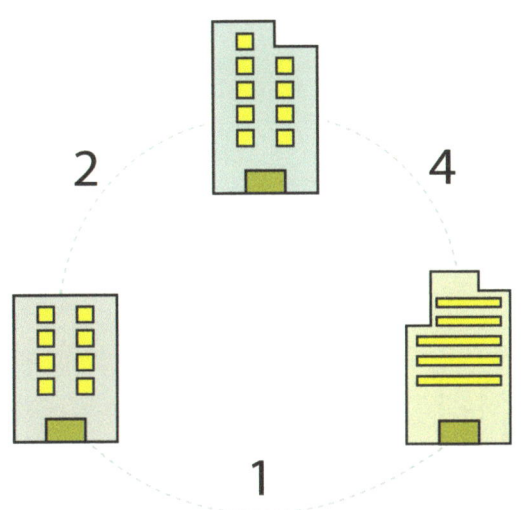

①   2   ( )

②   3   ( )

③   5   ( )

● 모든 집에 불이 들어오도록 전선을 연결할 때 비용이 가장 적게 들도록 점선을 따라 전선을 그어 보시오. 또 그 비용에 ○표 하시오.

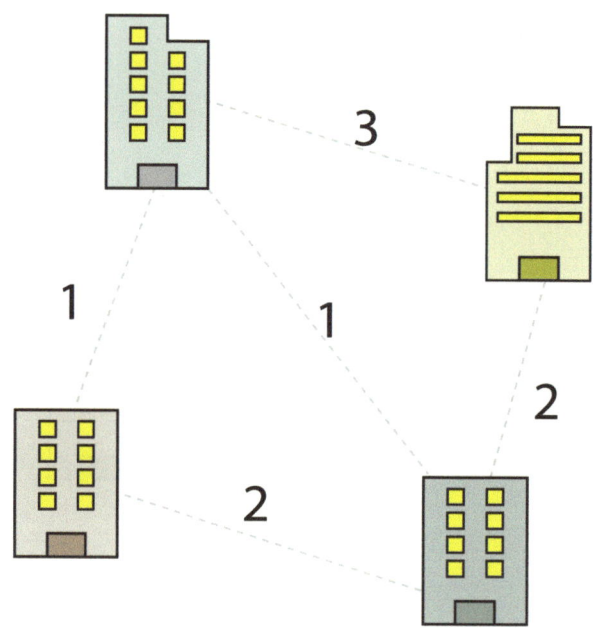

①   3   ( )

②   4   ( )

③   5   ( )

 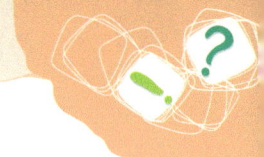

● 모든 집에 불이 들어오도록 전선을 연결할 때 비용이 가장 적게 들도록 점선을 따라 전선을 그어 보시오. 또 그 비용에 ○표 하시오.

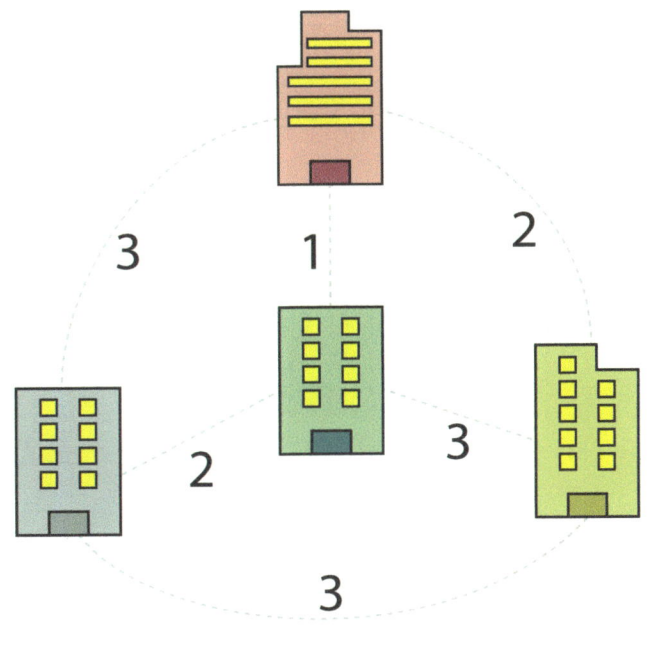

①   3   ( )

②   5   ( )

③   7   ( )

● 모든 집에 불이 들어오도록 전선을 연결할 때 비용이 가장 적게 들도록 점선을 따라 전선을 그어 보시오. 또 그 비용에 ○표 하시오.

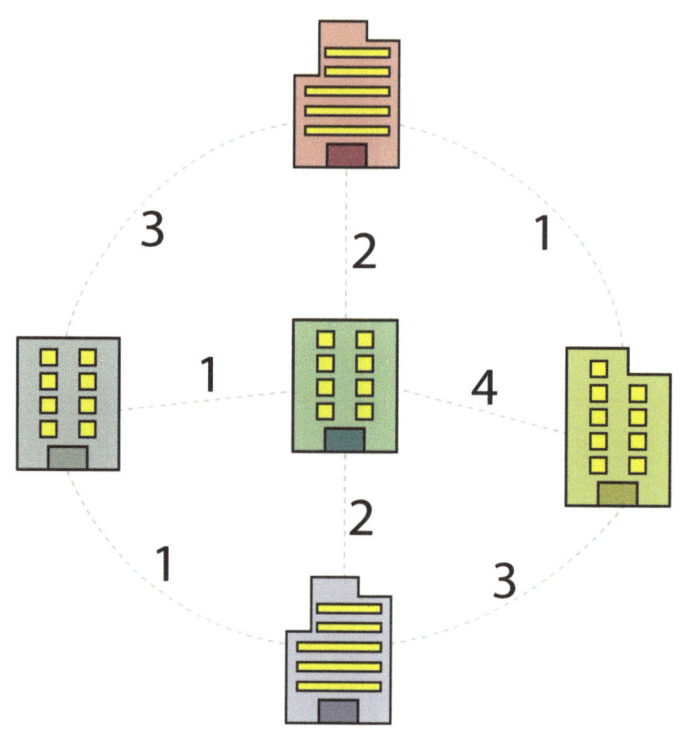

①   4   ( )

②   5   ( )

③   6   ( )

● 모든 집에 불이 들어오도록 전선을 연결할 때 비용이 가장 적게 들도록 점선을 따라 전선을 그어 보시오. 또 그 비용에 ○표 하시오.

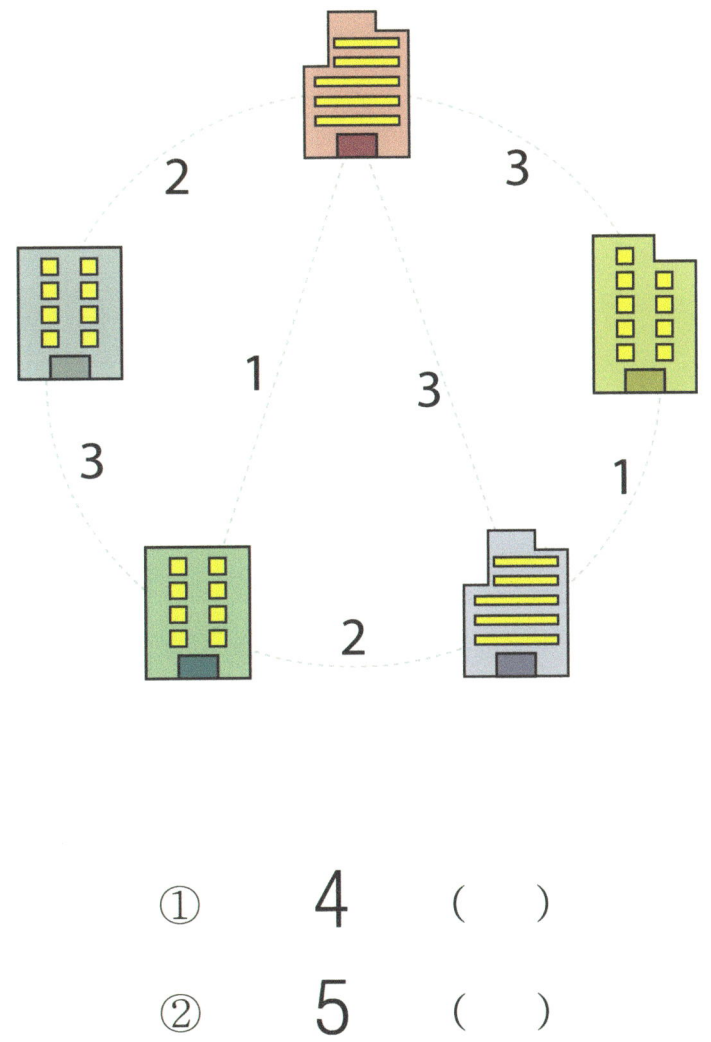

①   4   ( )

②   5   ( )

③   6   ( )

● 모든 집에 불이 들어오도록 전선을 연결할 때 비용이 가장 적게 들도록 점선을 따라 전선을 그어 보시오. 또 그 비용에 ○표 하시오.

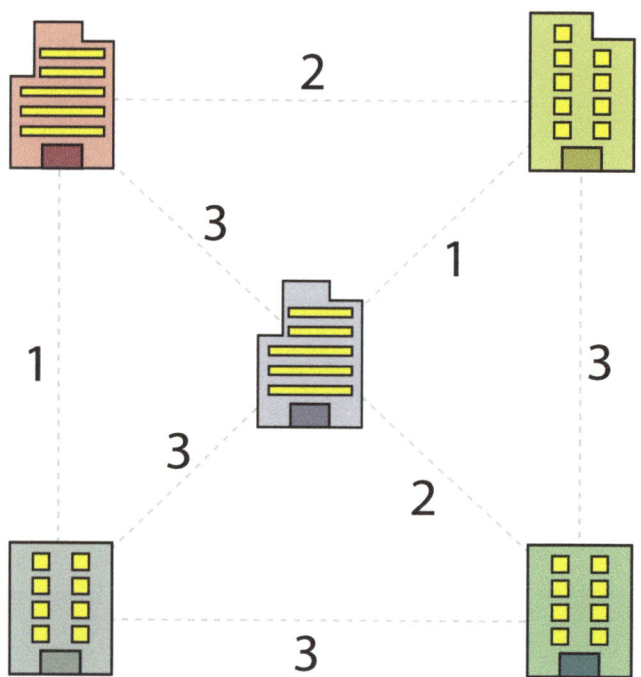

①   4   ( )

②   5   ( )

③   6   ( )

● 모든 집에 불이 들어오도록 전선을 연결할 때 비용이 가장 적게 들도록 점선을 따라 전선을 그어 보시오. 또 그 비용에 ○표 하시오.

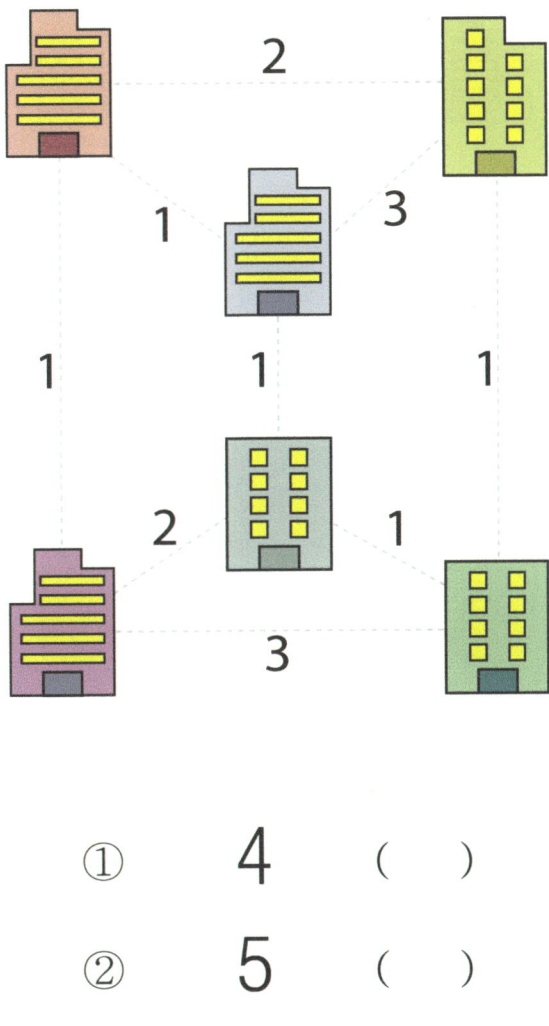

① 4 ( )

② 5 ( )

③ 6 ( )

● 모든 집에 불이 들어오도록 전선을 연결할 때 비용이 가장 적게 들도록 점선을 따라 전선을 그어 보시오. 또 그 비용에 ○표 하시오.

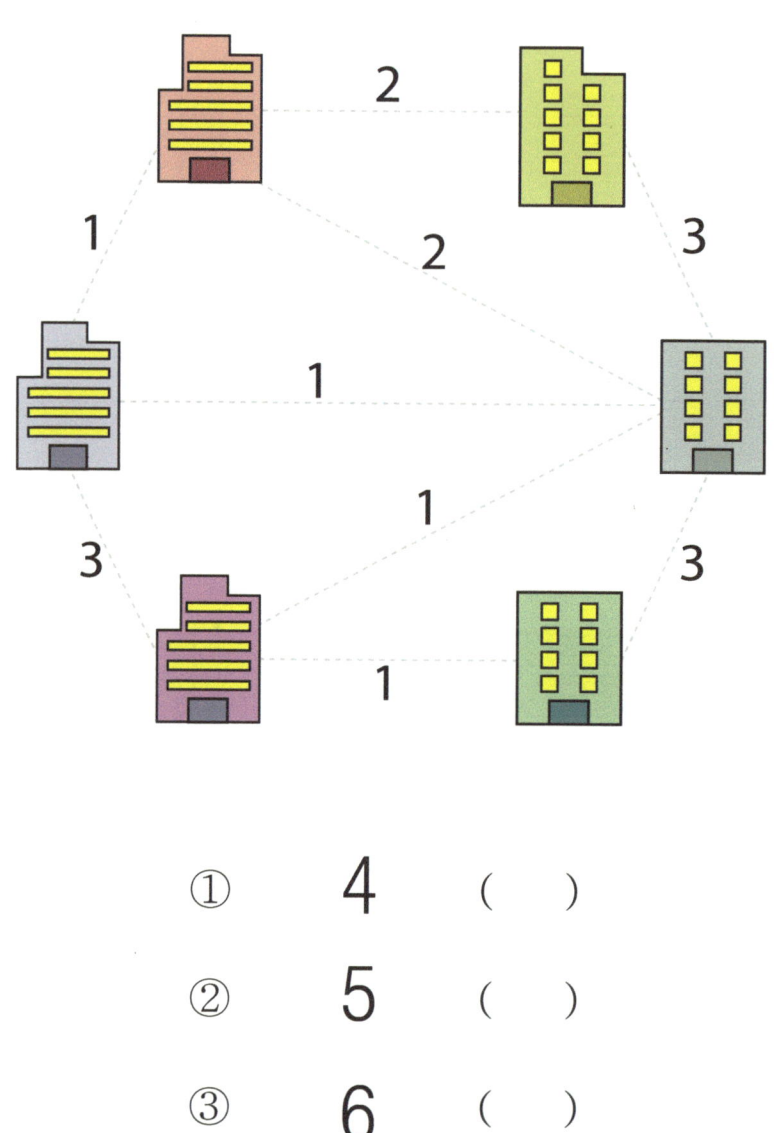

①   4   ( )

②   5   ( )

③   6   ( )

● 모든 집에 불이 들어오도록 전선을 연결할 때 비용이 가장 적게 들도록 점선을 따라 전선을 그어 보시오. 또 그 비용에 ◯표 하시오.

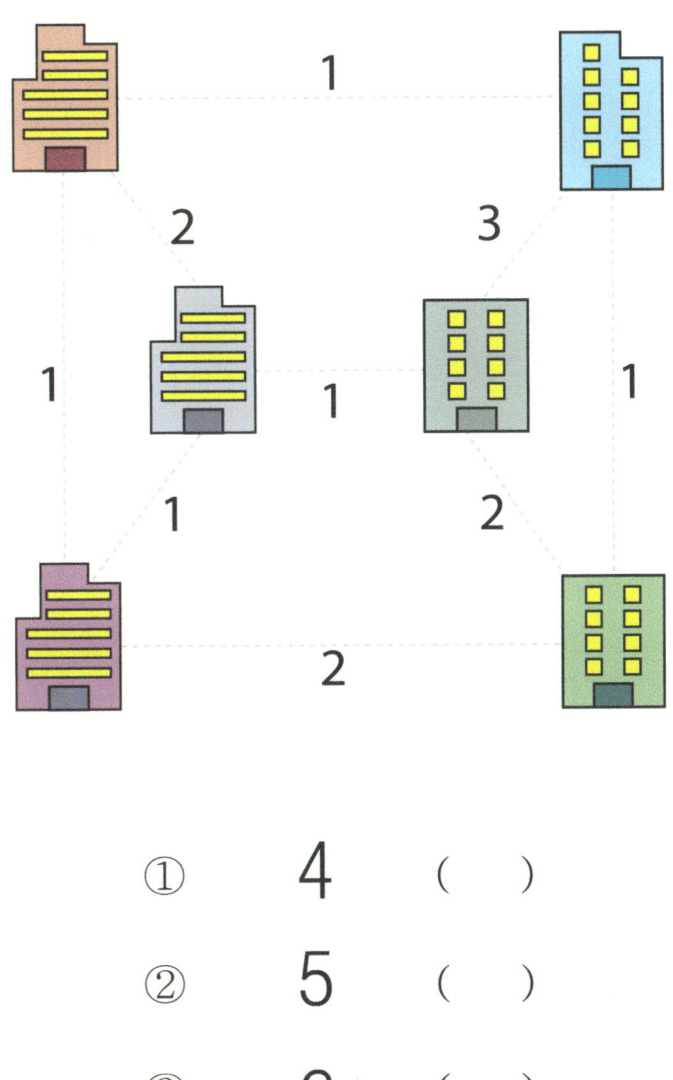

① 4 ( )

② 5 ( )

③ 6 ( )

● 모든 집에 불이 들어오도록 전선을 연결할 때 비용이 가장 적게 들도록 점선을 따라 전선을 그어 보시오. 또 그 비용에 ○표 하시오.

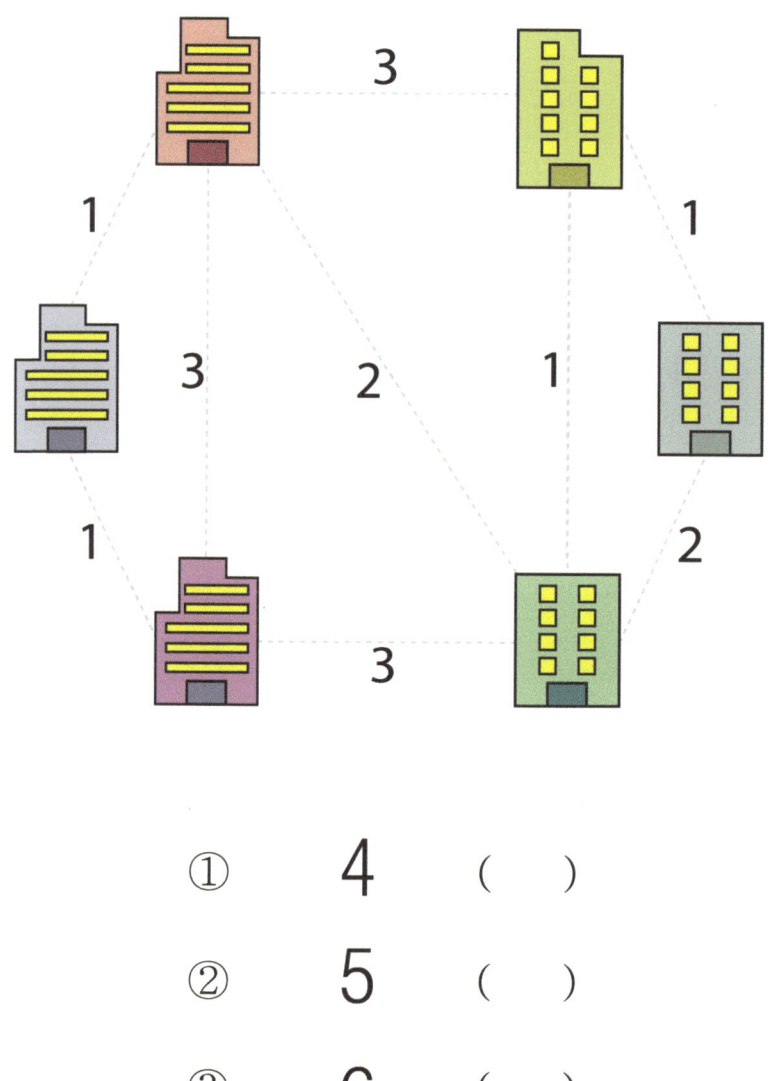

①   4   ( )

②   5   ( )

③   6   ( )

● 모든 집에 불이 들어오도록 전선을 연결할 때 비용이 가장 적게 들도록 점선을 따라 전선을 그어 보시오. 또 그 비용에 ○표 하시오.

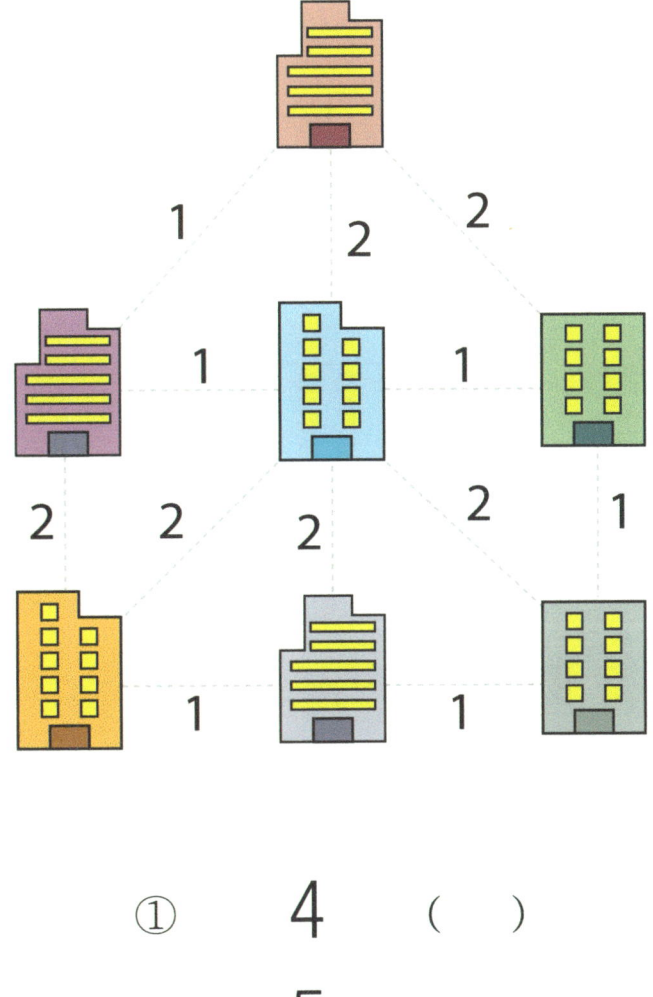

①   4   ( )

②   5   ( )

③   6   ( )

● 모든 집에 불이 들어오도록 전선을 연결할 때 비용이 가장 적게 들도록 점선을 따라 전선을 그어 보시오. 또 그 비용에 ○표 하시오.

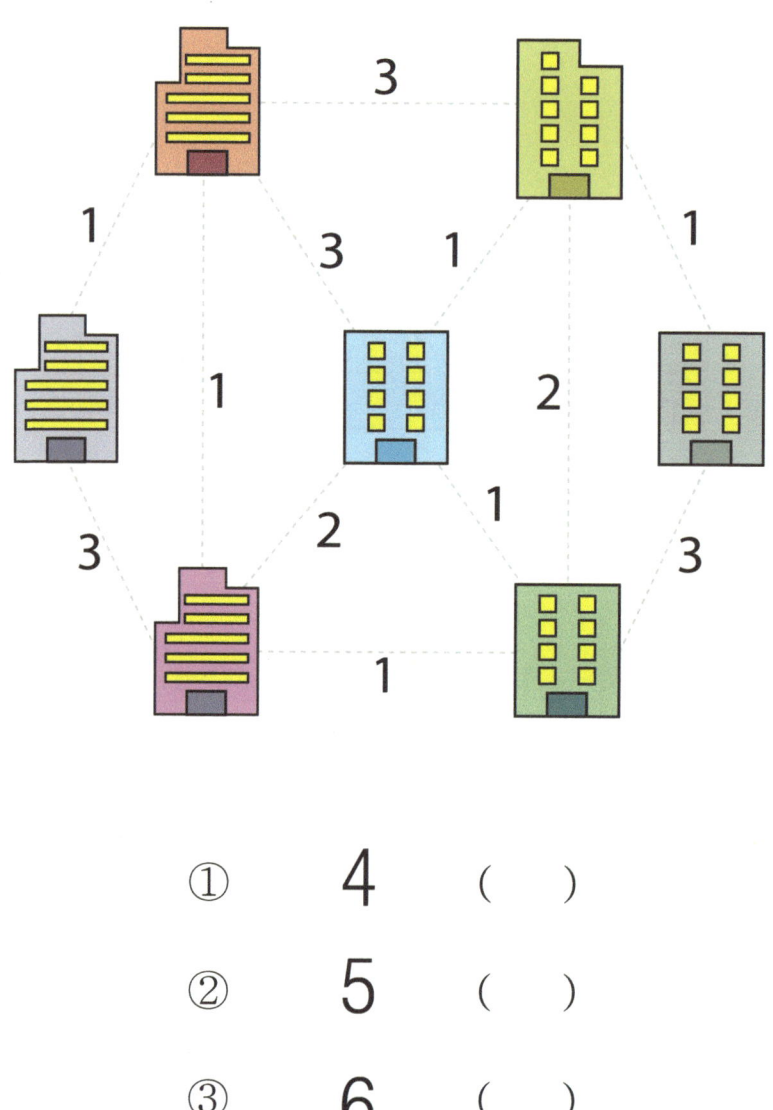

①   4   ( )

②   5   ( )

③   6   ( )

● 모든 집에 불이 들어오도록 전선을 연결할 때 비용이 가장 적게 들도록 점선을 따라 전선을 그어 보시오. 또 그 비용에 ○표 하시오.

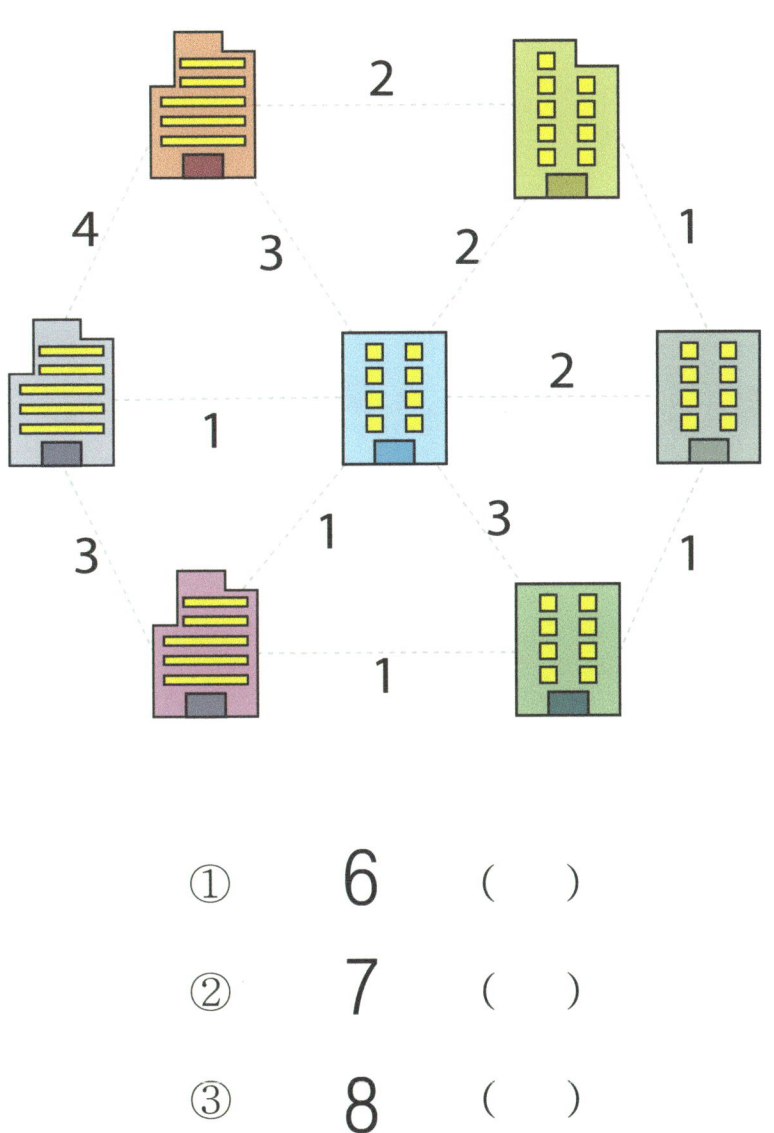

① 6 ( )

② 7 ( )

③ 8 ( )

해답

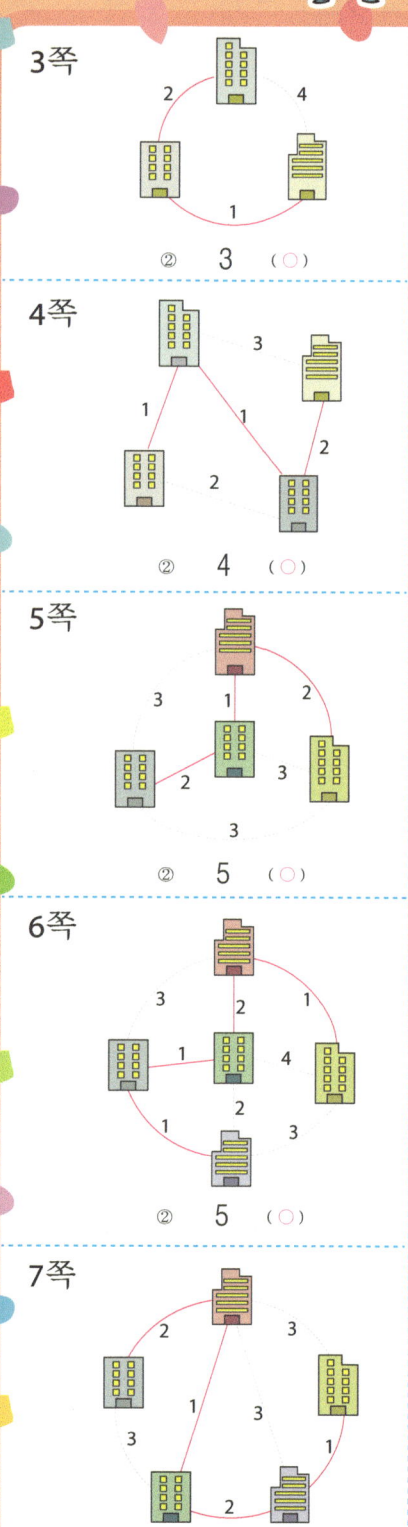
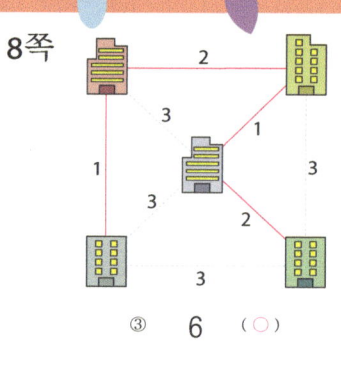
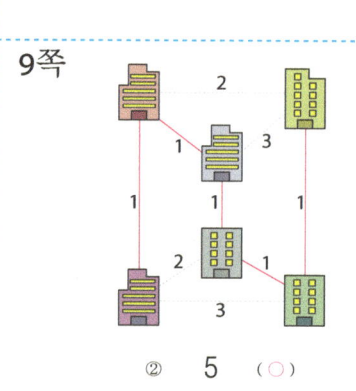
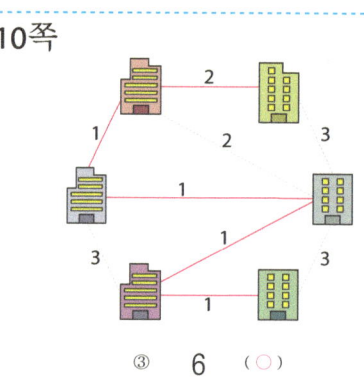
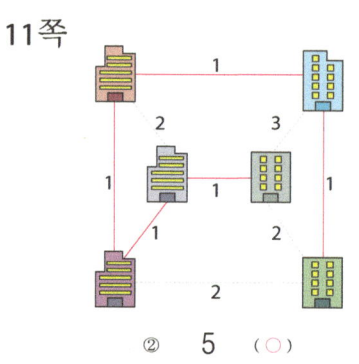
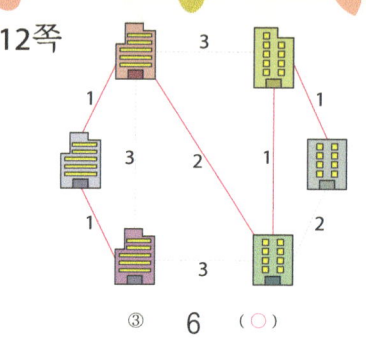
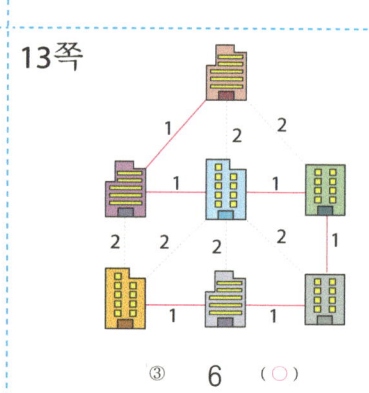
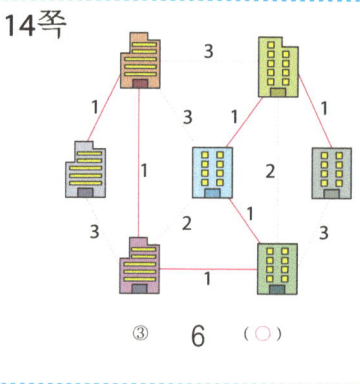
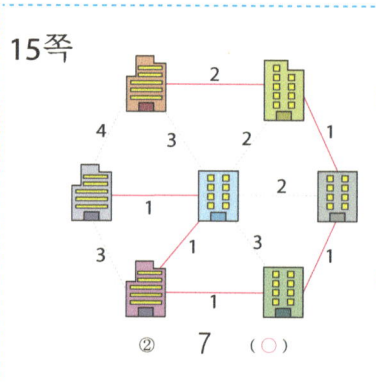

처음 시작하는 언플러그드 코딩놀이

아주 쉬운 코딩 놀이수학

안테나 설치

● 서로 다른 세 집에 안테나를 하나만 설치하여 무선 네트워크로 연결하고자 합니다. 어느 집에 설치해야 하는지 알아봅시다.(단, 벽처럼 장애물은 전파를 방해하여 네트워크 연결이 불가능 합니다.)

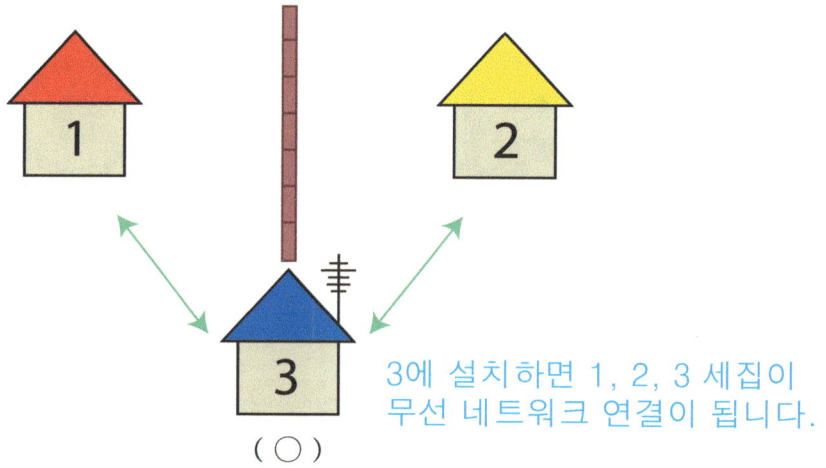

3에 설치하면 1, 2, 3 세집이 무선 네트워크 연결이 됩니다.

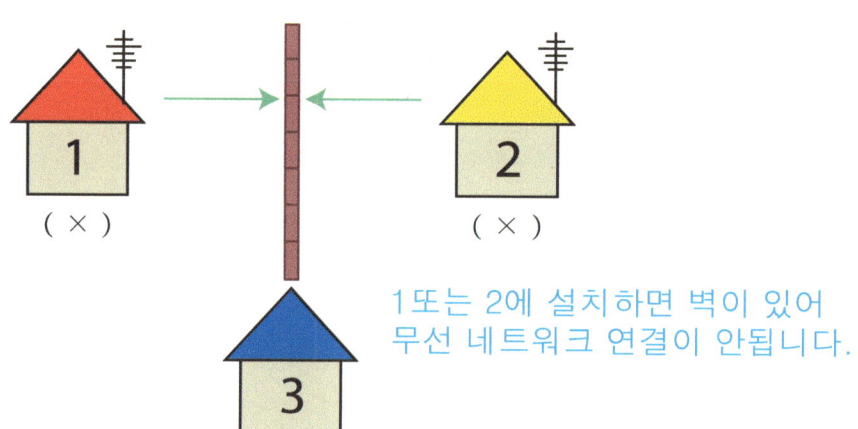

1또는 2에 설치하면 벽이 있어 무선 네트워크 연결이 안됩니다.

안테나 설치

무선 네트워크 연결에서는 설치 비용은 적고 모두 연결 가능한 최적 네트워크 연결 방법을 찾는 것이 중요합니다.

● 한 개의 안테나를 설치하여 모든 집에 무선 네트워크 연결을 하려고 합니다. 어느 집에 설치해야 하는지 ○표 하시오.

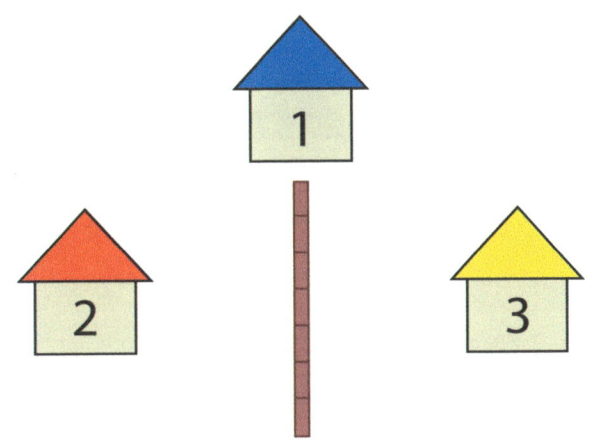

① 1 ( )

② 2 ( )

③ 3 ( )

● 한 개의 안테나를 설치하여 모든 집에 무선 네트워크 연결을 하려고 합니다. 어느 집에 설치해야 하는지 ○표 하시오.

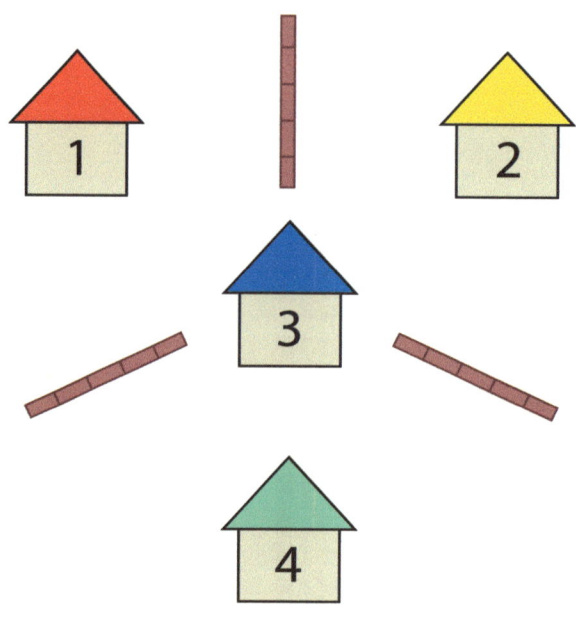

①   1   ( )

②   2   ( )

③   3   ( )

④   4   ( )

● 한 개의 안테나를 설치하여 모든 집에 무선 네트워크 연결을 하려고 합니다. 어느 집에 설치해야 하는지 ○표 하시오.

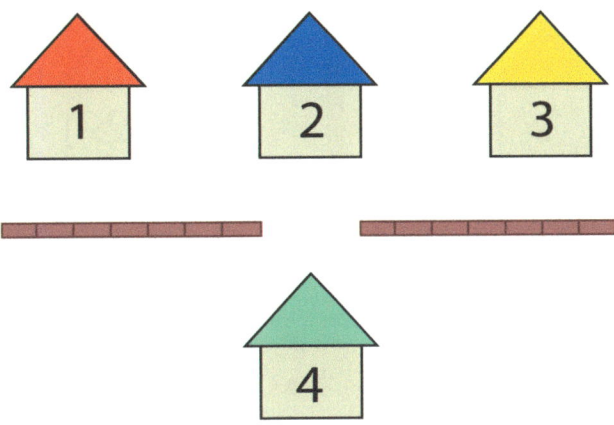

① 1 ( )

② 2 ( )

③ 3 ( )

④ 4 ( )

● 한 개의 안테나를 설치하여 모든 집에 무선 네트워크 연결을 하려고 합니다. 어느 집에 설치해야 하는지 ○표 하시오.

① 1   (   )

② 2   (   )

③ 3   (   )

④ 4   (   )

● 한 개의 안테나를 설치하여 모든 집에 무선 네트워크 연결을 하려고 합니다. 어느 집에 설치해야 하는지 ○표 하시오.

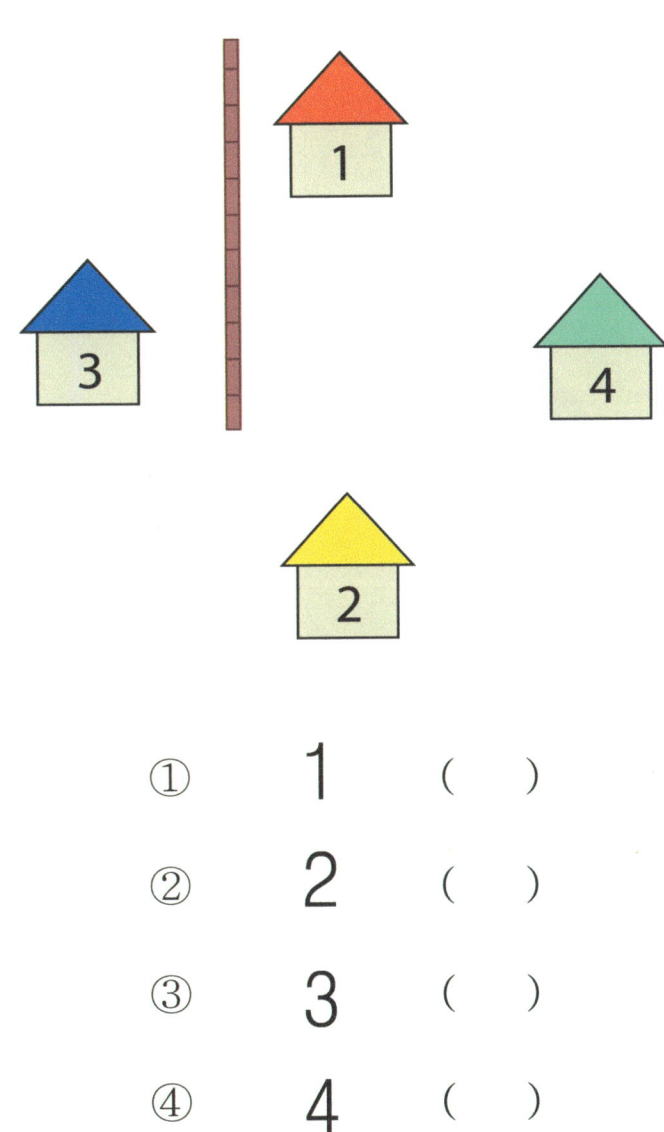

① 1   (   )

② 2   (   )

③ 3   (   )

④ 4   (   )

● 한 개의 안테나를 설치하여 모든 집에 무선 네트워크 연결을 하려고 합니다. 어느 집에 설치해야 하는지 ○표 하시오.

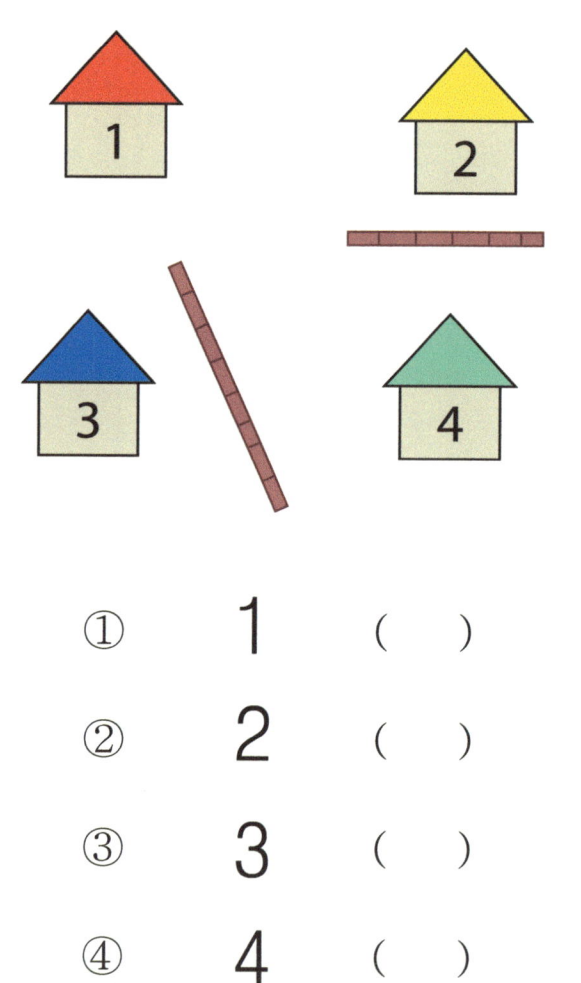

① 1 ( )

② 2 ( )

③ 3 ( )

④ 4 ( )

● 한 개의 안테나를 설치하여 모든 집에 무선 네트워크 연결을 하려고 합니다. 어느 집에 설치해야 하는지 ○표 하시오.

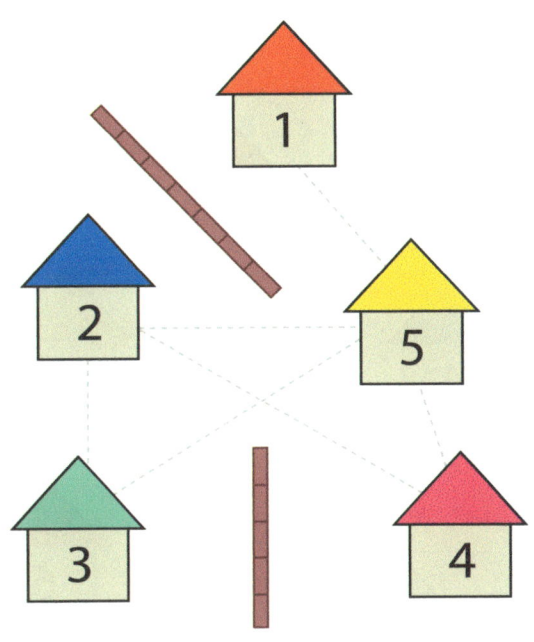

① 1 ( )

② 2 ( )

③ 4 ( )

④ 5 ( )

● 두 개의 안테나를 설치하여 모든 집에 무선 네트워크 연결을 하려고 합니다. 어느 집에 설치해야 하는지 ○표 하시오.

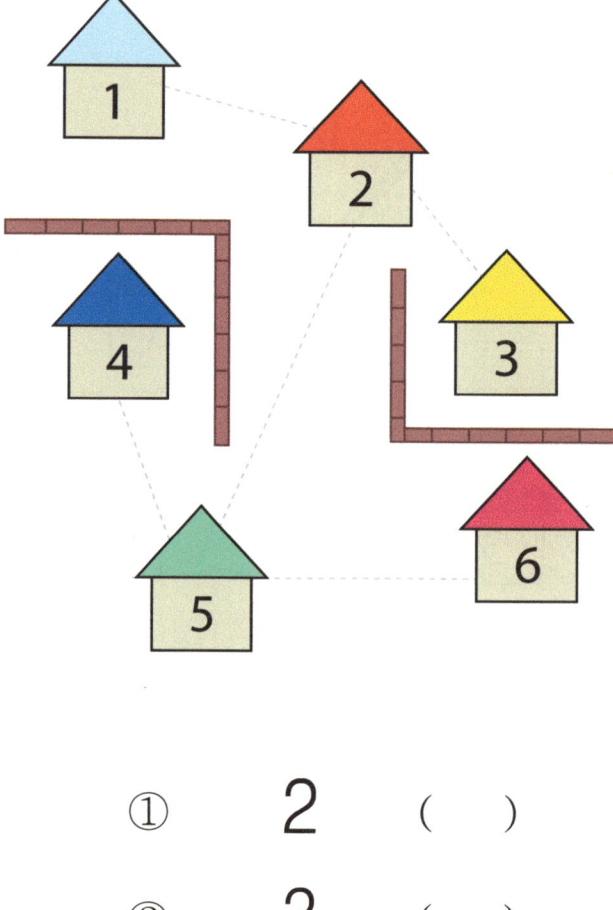

① 2 ( )

② 3 ( )

③ 5 ( )

④ 6 ( )

● 두 개의 안테나를 설치하여 모든 집에 무선 네트워크 연결을 하려고 합니다. 어느 집에 설치해야 하는지 ○표 하시오.

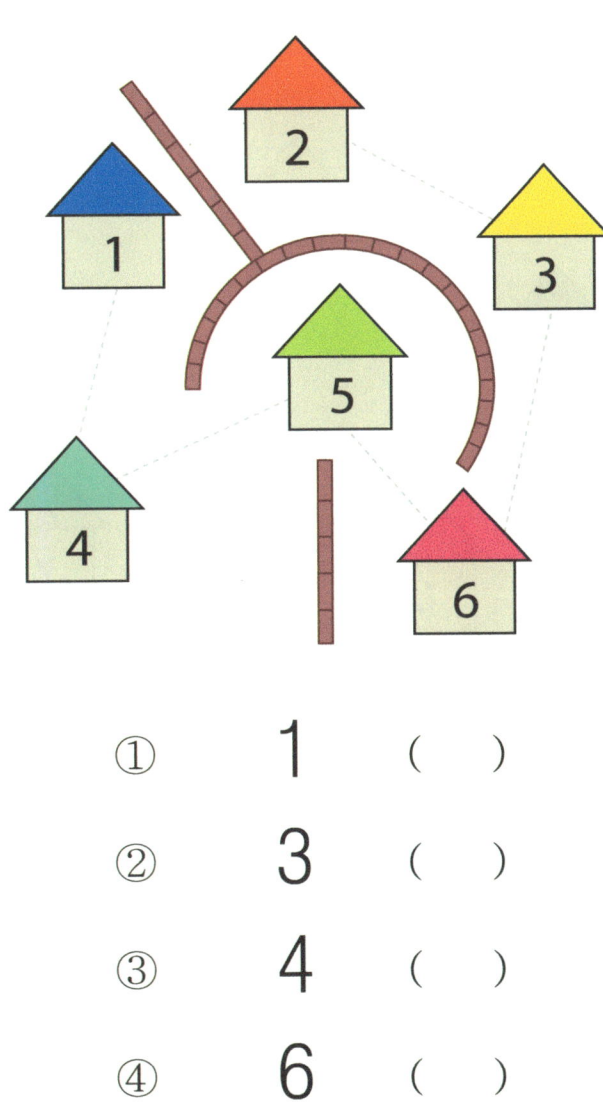

① 1 ( )

② 3 ( )

③ 4 ( )

④ 6 ( )

● 두 개의 안테나를 설치하여 모든 집에 무선 네트워크 연결을 하려고 합니다. 어느 집에 설치해야 하는지 ○표 하시오.

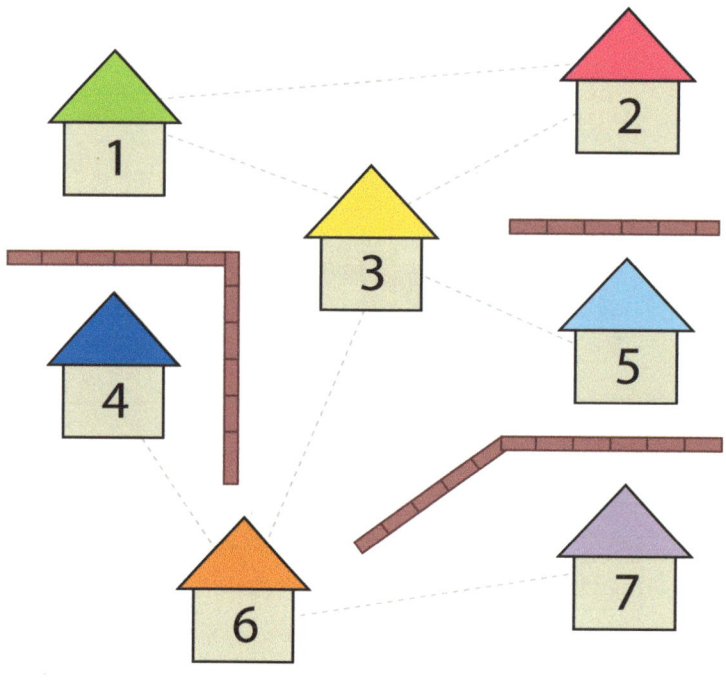

① 2   ( )

② 3   ( )

③ 5   ( )

④ 6   ( )

● 두 개의 안테나를 설치하여 모든 집에 무선 네트워크 연결을 하려고 합니다. 어느 집에 설치해야 하는지 ○표 하시오.

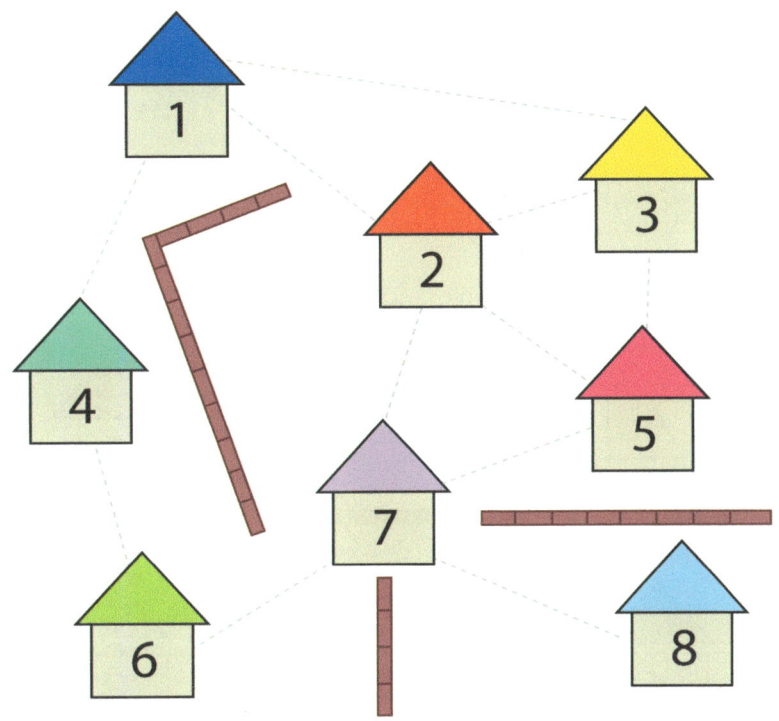

① 1 ( )

② 2 ( )

③ 6 ( )

④ 7 ( )

● 두 개의 안테나를 설치하여 모든 집에 무선 네트워크 연결을 하려고 합니다. 어느 집에 설치해야 하는지 ○표 하시오.

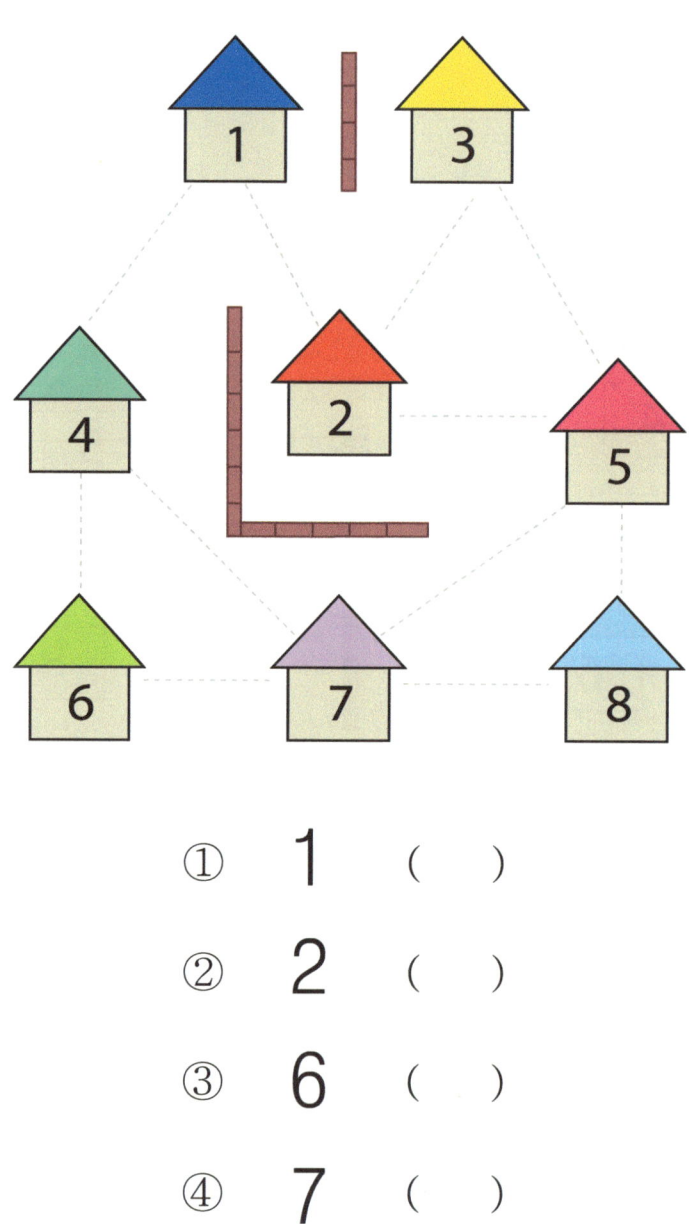

① 1 ( )

② 2 ( )

③ 6 ( )

④ 7 ( )

● 두 개의 안테나를 설치하여 모든 집에 무선 네트워크 연결을 하려고 합니다. 어느 집에 설치해야 하는지 ○표 하시오.

① 2 ( )

② 5 ( )

③ 7 ( )

④ 9 ( )

해답

3쪽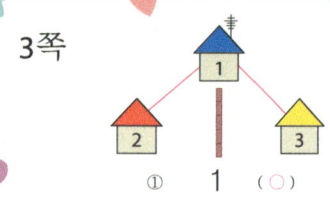
① 1 (○)

4쪽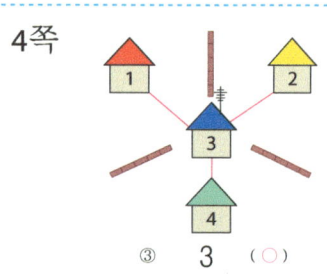
③ 3 (○)

5쪽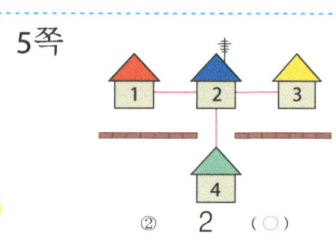
② 2 (○)

6쪽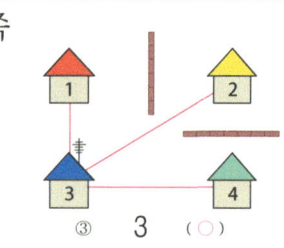
③ 3 (○)

7쪽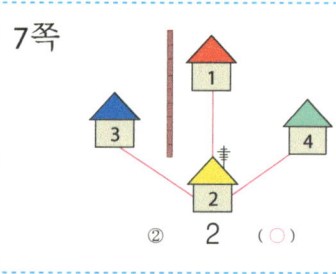
② 2 (○)

8쪽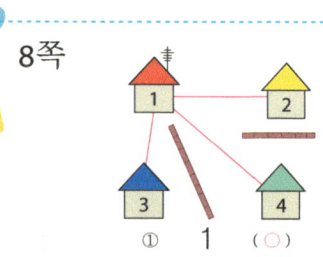
① 1 (○)

9쪽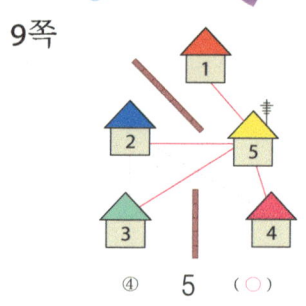
④ 5 (○)

10쪽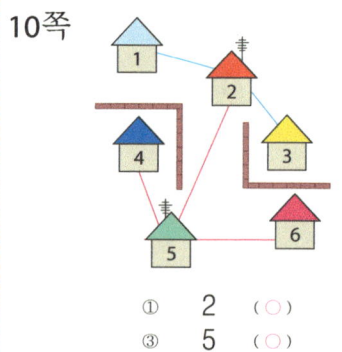
① 2 (○)
③ 5 (○)

11쪽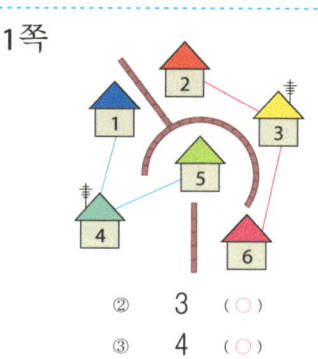
② 3 (○)
③ 4 (○)

12쪽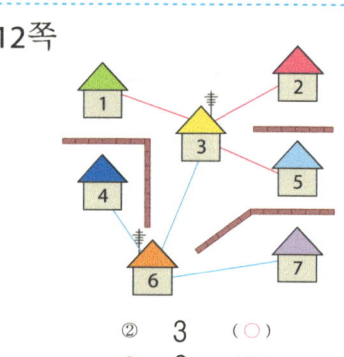
② 3 (○)
④ 6 (○)

13쪽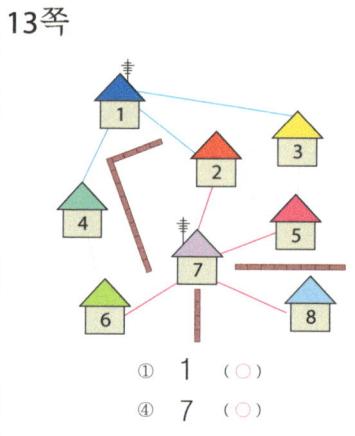
① 1 (○)
④ 7 (○)

14쪽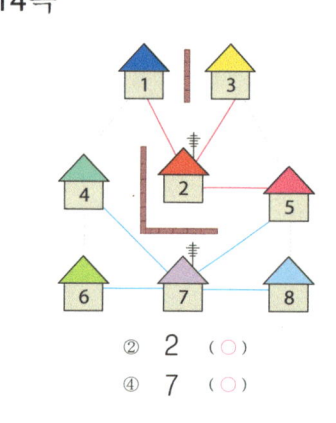
② 2 (○)
④ 7 (○)

15쪽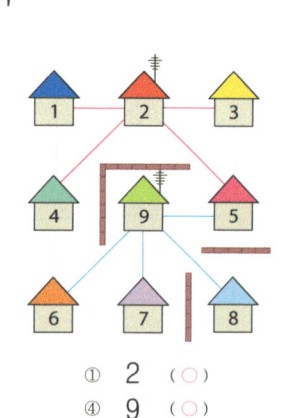
① 2 (○)
④ 9 (○)

코딩 도서 목록

워크북

아주 쉬운 코딩 놀이 수학.1
1. 이진법 알기
2. 이진법 비밀 카드
3. 숫자로 그림 그리기
4. 짝수의 비밀
5. 정렬 네트워크
6. 학교 가기

아주 쉬운 코딩 놀이 수학.2
1. 바둑돌 놓기
2. 무늬 블록 돌리기
3. 암호문 풀기
4. 코딩 모양 타일
5. 순서도
6. 비행기 놀이

아주 쉬운 코딩 놀이 수학.3
1. 데이터 검색
2. 선택 정렬
3. 퀵 정렬
4. 신호 만들기
5. 전기 회로 불켜기
6. 가로등 불켜기

아주 쉬운 코딩 놀이 수학.4
1. 데이터 입력 삭제
2. 이진 트리
3. 기호 만들기
4. 데이터 줄이기
5. 최적화 네트워크
6. 안테나 설치

지침서

아주 쉬운 코딩 놀이
1. 카드 놀이
2. 숫자 놀이
3. 네트워크 놀이
4. 전략 놀이
5. 퍼즐 놀이
6. 암호 놀이
7. 순서도 놀이
8. 명령어 놀이

아주 쉬운 코딩 놀이.2
1. 검색 놀이
2. 좌표 놀이
3. 신호 놀이
4. 데이터 놀이
5. 장난감 놀이
6. 정보 놀이
7. 두뇌회전 놀이

코딩 놀이 단행본 종류

아주 쉬운 코딩 놀이는 언플러그드 활동 중심 코딩 교사 지침서입니다.

아주 쉬운 코딩 놀이 수학 1. 2는 아주 쉬운 코딩 놀이 지침서의 내용을 학생들이 쉽게 풀 수 있도록 문제 형식으로 제작한 학생용 코딩 워크북입니다.

아주 쉬운 코딩 놀이 수학 ①

워크북

1. 이진법 알기
2. 이진법 비밀 카드
3. 숫자로 그림 그리기
4. 짝수의 비밀
5. 정렬 네트워크
6. 학교 가기

아주 쉬운 코딩 놀이 수학 ②

워크북

1. 바둑돌 놓기
2. 무늬 블록 돌리기
3. 암호문 풀기
4. 코딩 모양 타일
5. 순서도
6. 비행기 놀이

코딩 놀이 단행본 종류

아주 쉬운 코딩 놀이 2는 언플러그드 활동 중심 코딩 교사 지침서입니다.

아주 쉬운 코딩 놀이 수학 3. 4는 아주 쉬운 코딩 놀이 2 지침서의 내용을 학생들이 쉽게 풀 수 있도록 문제 형식으로 제작한 학생용 코딩 워크북입니다.

아주 쉬운 코딩 놀이 수학 ③

워크북

1. 데이터 검색
2. 선택 정렬
3. 퀵 정렬
4. 신호 만들기
5. 전기 회로 불켜기
6. 가로등 불켜기

아주 쉬운 코딩 놀이 수학 ④

워크북

1. 데이터 입력 삭제
2. 이진 트리
3. 기호 만들기
4. 데이터 줄이기
5. 최적화 네트워크
6. 안테나 설치

코딩 보드게임 제품종류

1 카드놀이

이진법 카드놀이

숫자 타일

숫자 카드 점 카드

이진법 비밀 카드

비밀 카드

숫자 가리기 놀이
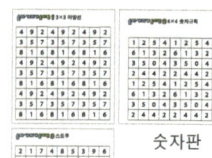
숫자판

숫자 가리기 놀이판

숫자 퍼즐놀이

1-9숫자 블록

2 숫자놀이

숫자로 그림그리기

코딩 놀이판
블록

숫자로 그림그리기 카드

짝수의 비밀

코딩 놀이판 양면 코인

리버시 게임

코딩 놀이판 양면 코인

마음속의 숫자 — 준비물 없음

3 네트워크 놀이

정렬 네트워크

워크북 놀이판

숫자타일 (1 2 3 4 5 6)

학교가기

워크북

학교가기 카드

주사위

강 건너기

강건너기 놀이판

강건너기 말
놀이배

4 전략놀이

바둑돌 놓기

바둑돌 놓기 놀이판   바둑돌

바둑돌 놓기 카드

바둑돌 자리바꾸기
바둑돌

바둑돌 자리바꾸기 놀이판

님 게임

놀이말

코딩보드게임 제품종류

⑤ 퍼즐놀이

무늬블록 돌리기

무늬 블록

무늬 블록 카드

9조각 퍼즐
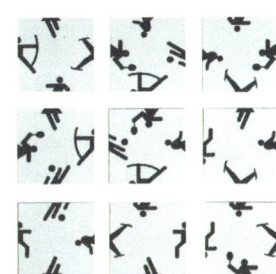
퍼즐 9조각

3D입체영상

3D입체 영상 책자

3D입체 안경

⑥ 암호놀이

암호문 만들기

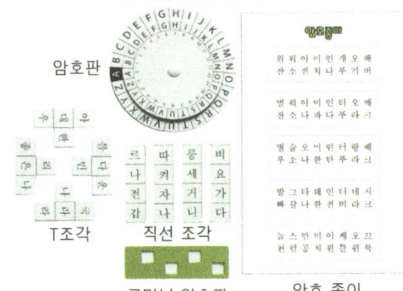
암호판   T조각   직선 조각   구멍난 암호판   암호 종이

코딩 모양 타일

모양타일

 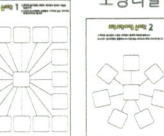 
모양 타일 놀이판

⑦ 순서도놀이

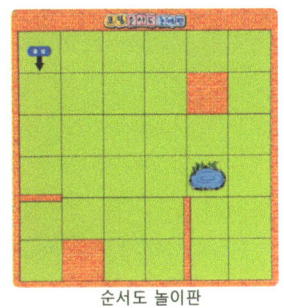
순서도 놀이판

순서도 카드

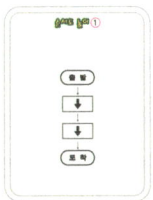 
놀이말

⑧ 명령어놀이

비행기 놀이
명령어 놀이 1단계

코딩 놀이판

비행기 코딩카드   비행기 코딩 블록

공 놀이
명령어 놀이 2단계
코딩 놀이판

  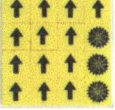
공놀이 코딩카드   공 코딩 블록

개미 놀이
명령어 놀이 3단계
코딩 놀이판

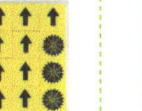  
개미 코딩카드   개미 코딩 블록

코딩보드게임 제품종류

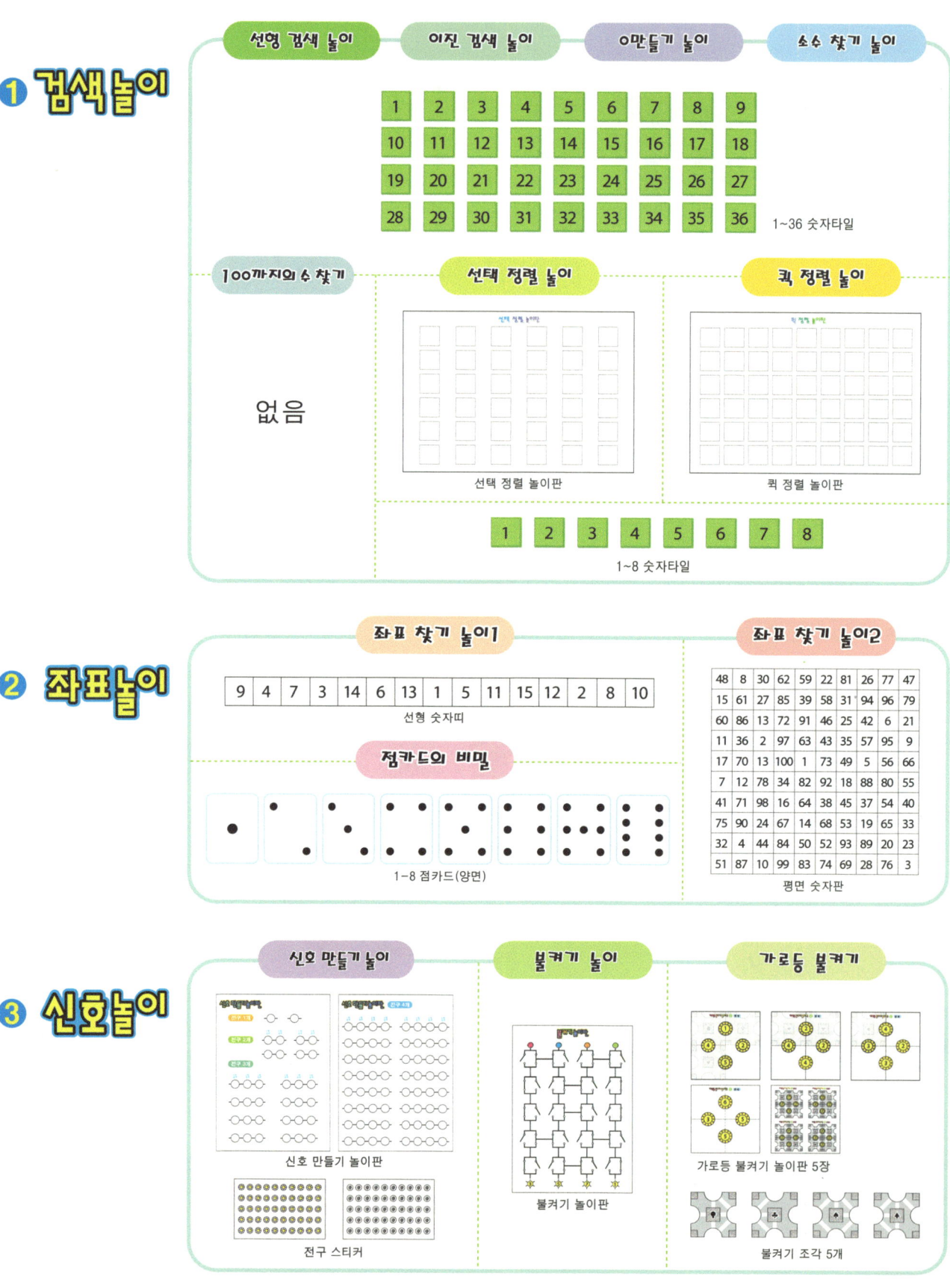

코딩 보드게임 제품종류

④ 데이터 놀이

데이터 입력 삭제
- 종이관 2종류 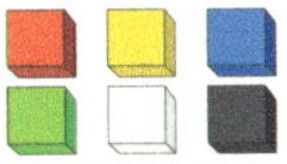
- 6가지 색깔 블록

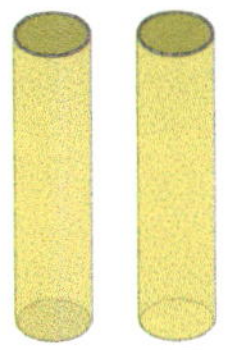

이진 트리 놀이
- 이진 트리 놀이판 2장 
- 말 2개
- 주사위 2개

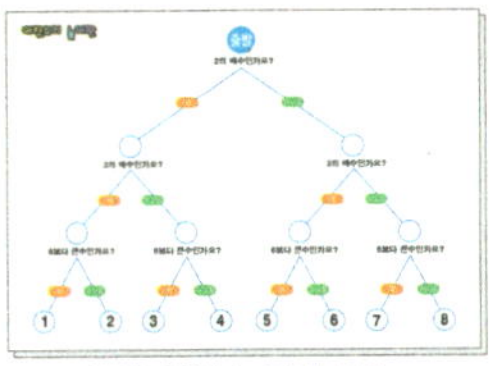

이진 탐색 트리 놀이
- 이진 탐색 트리 놀이판 
- 이진탐색트리 카드 
- 1-15 숫자 타일

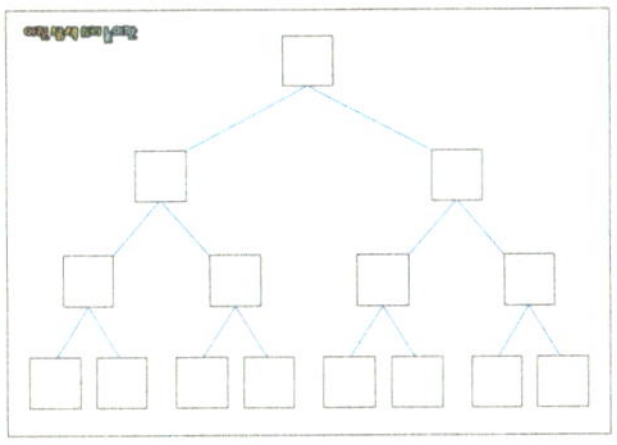

⑤ 장난감 놀이

팽이 놀이
- 팽이 2종

구불구불언덕길 놀이
- 구불구불 놀이판 2장
- 구슬
- 부속 2개

막대 놀이
- 막대 놀이 워크북
- 철판 
- 자석 막대

피라미드 만들기
- 에딕스 맥 자석블록 정사각형 1개 정삼각형 4개

애니메이션
- 애니메이션 놀이 책자

⑥ 정보 놀이

기호알기 놀이
- 기호 알기 놀이판 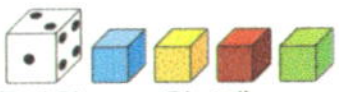
- 주사위
- 말 4개

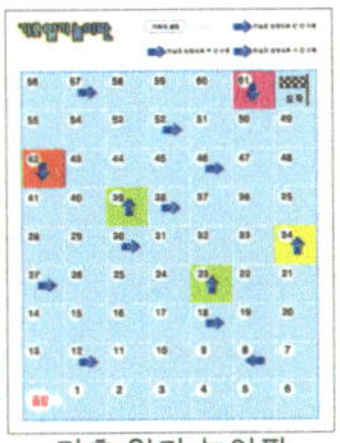

정보의 가치
- 동물 카드 8장 
- 만국기 카드 8장

데이터 줄이기
- 이야기 꾸미기 스티커 
- 주사위 4개

한글 입력기
- 한글 입력기 돌림판

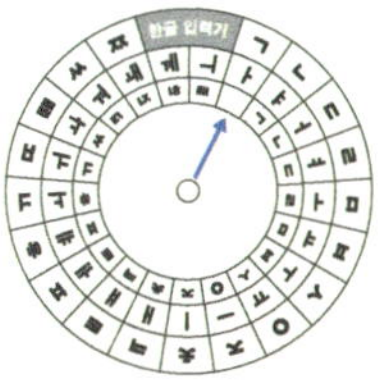

알고리즘 만들기
- 없음

⑦ 두뇌회전 놀이

최적화 네트워크
- 최적화 네트워크 워크북

주차장 놀이
- 주차장 놀이판 
- 자동차 숫자 블록

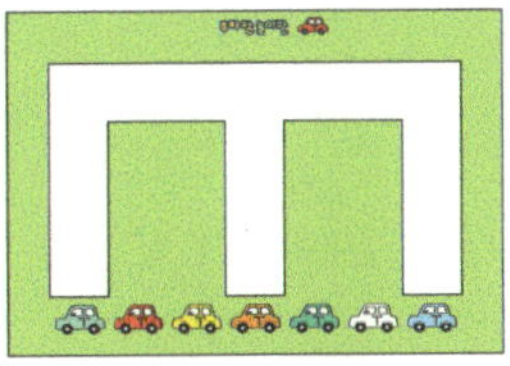

안테나 설치
- 안테나 설치 놀이판 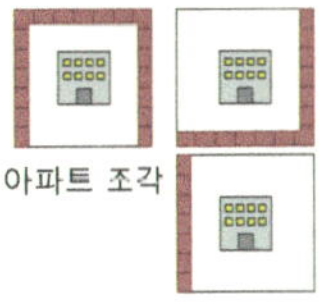
- 아파트 조각

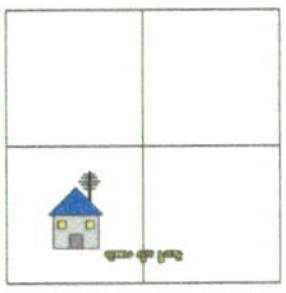

색깔 맞추기 게임
- 색깔 맞추기 게임 놀이판 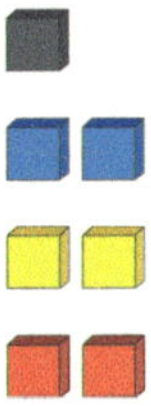
- 색깔 블록

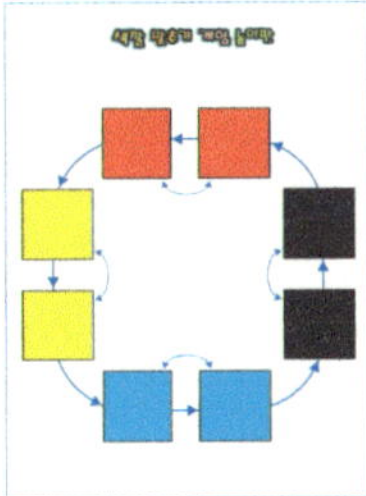

아주 쉬운 코딩 놀이 수학 . 4

초판 발행일 : 2018년 5월 16일

지은이 : 한버공
펴낸 곳 : 청송문화사
　　　　　서울시 중구 수표로 2길 13
홈페이지 : www.edics.co.kr
E-mail : kidlkh@hanmail.net
전화 : 02-2279-5865
팩스 : 02-2279-5864
등록번호 : 2-2086 / 등록날짜 : 1995년 12월 14일

가격 : 12000원

잘못 인쇄된 책은 서점이나 본사에서 바꿔 드립니다.
ISBN : 978-89-5767-330-0
ISBN : 978-89-5767-325-6(세트)

본 교재의 독창적인 내용은 저작권법에 의하여 보호받고 있습니다.